W0071930

Lutz Bertram   UDO LINDENBERG

LUTZ BERTRAM

LIED DER ZEIT

MUSIKVERLAG · BERLIN

Fotonachweis
Herbert Schulze (90), Archiv Lindenberg (1), DGG/Eriksson (1),
Kristina Eriksson (13), Horst Stolzenburg (1), Teldec/Bildarchiv (2)
Für Einband und Vorsatz wurden Fotos von Herbert Schulze
verwendet.

Ich danke Frauke-Anja Koch, Atze Schiek und Roland Urbanski,
Günther und Sabine Scheidewind, Dieter Viering, Michael,
Felix und Erwin – und natürlich Udo Lindenberg.

Vom Autor benutzte Quellen sind im laufenden Text belegt.
Die Selbstaussagen Lindenbergs,
die nicht ausdrücklich gekennzeichnet sind,
entstammen folgenden Quellen:
– Udo Lindenberg, Hinter all den Postern (Interviewaufzeichnungen
  von Steve Peinemann), Rowohlt Taschenbuch Berlag GmbH 1979
– Udo Lindenberg, El Panico, Wilhelm Goldmann Verlag 1989
– Aufzeichnungen von Gesprächen mit dem Autor.

ISBN 3–7332–0063–2
1. Auflage
© 1990 by Lied der Zeit, Musikverlag, Berlin
Lizenz-Nr. 419–440/A9/90 · LSV 8384 ·
Bestell-Nr. 521 278 7
Einband: Jan Lengert
Typographie: Werner Norrmann
Lektor: Sabine Tuch
Redaktionsschluß: 20. 10. 1989
Printed in the German Democratic Republic
Satz und Repro: DRUCKZENTRUM BERLIN
Grafischer Großbetrieb
Druck und buchbinderische Verarbeitung: Druckhaus Aufwärts,
Leipzig III/18/20–2110

Inhaltsverzeichnis

Die miefige, piefige, klitzekleine Schnarchstadt   7
   Da war so viel los   13
Die fünfziger Jahre   14
   Rockin' And Rollin'   17
Die Trommel ruft ...   18
   Die kleine Stadt   24
Der Matz zieht in die Welt   25
Steffi Stephan   30
Die sechziger Jahre   32
   Reeperbahn   35
Hamburg   36
   Nichts haut einen Seemann um   37
Das größte Ei des deutschen Pophuns   38
Onkel Pö   42
   Alles klar auf der Andrea Doria   44
Die siebziger Jahre   45
Horst Königstein   51
   Cowboy-Rocker   57
Die deutschen Texte   58
   Baltimore   64
Das Panikorchester   65
   Die Bühne ist angerichtet   68
Die Show   69
   Felix   71
Dröhnland-Rock-Revue   72
Fritz Rau   76
   Bis ans Ende der Welt   78
Ich brech' die Herzen der stolzesten Frauen ...   79
   Frauen   82
Nur der freie, blaue Himmel   84
   Gene Galaxo   88
Panische Zeiten   90
   Die Kinder deiner Kinder   97
Dem aufrechten Gang verpflichtet   99
   Sie brauchen keinen Führer   99
Alla Pugatschowa   104
Die achtziger Jahre   106
Neue Freundbilder entwickeln   107

Say no   112
Noch keine Panik   113
Gisela Steineckert   115
   Wir wollen doch einfach nur zusammen sein   117
Das gefährliche Matinee-Idol   118
Diskographie   121

Die miefige, piefige, klitzekleine Schnarchstadt ──────

Die westfälische Stadt Gronau liegt hart am Holländischen, und das seit 1365. Damals hatte sie den Zweck einer Grenz- und Straßenfeste zwischen dem Fürstentum Münster und dem Bistum Utrecht. Die Gronauer ernährten sich über mehrere hundert Jahre von der Flachs- und Baumwollverarbeitung. Das Leben dümpelte vor sich hin, Tag für Tag, Woche für Woche, Monat für Monat, Jahr für Jahr. Die Bahn zwischen Wiege und Friedhof war vorgezeichnet. Durch die Tore der Stadt kam selten ein Fremder, aber noch seltener schaffte ein Gronauer den Weg hinaus. Das wäre sicher bis in alle Ewigkeit so weitergegangen, hätte nicht am 17. Mai 1946 die Vorsehung in der Stadt gewaltet. Für Sekunden hielt die Geschichte den Atem an, der Weltgeist bebte leise über dem Haus in der Gartenstraße 3 und ... – Klein Udo war da. Aber, wie grausam und bitter, weder die breite Gronauer Öffentlichkeit noch die Gronauer Nachrichten, geschweige denn die honorigen Repräsentanten des Gemeinwesens nahmen davon irgendwelche Kenntnis. Der Einwand, die Bürger möchten 1946 andere, existentielle Sorgen gehabt haben, darf und kann nicht gelten. Man muß sich das einmal vorstellen: a star was born, und niemand hat's gemerkt ...
»Aber die Rache ist mein«, spricht Udo, diese schulterzuckende Gleichgültigkeit wird er ihnen mit doppelter Münze heimzahlen. Natürlich wissen die Nachbarn in der Gartenstraße, daß Hermine und Gustav nach dem acht Jahre alten Erich jetzt noch einen Jungen bekommen haben, der eigentlich ein Mädchen werden sollte. Gleichwohl wird sich der elterliche Wunsch im Jahr darauf zweifach segensreich erfüllen, und mit den Zwillingskindern Inge und Erika ist die kleine Lindenberg-Familie komplett.
Das Schicksal also mischt sein Blatt und spart dabei nicht mit Unbill, geben doch die näheren Umstände kaum Anlaß zu der Vermutung, daß hier ein Stern aufgeht. Die Sippe ist weder stinkreich noch bettelarm. Sie sind keine proletarischen Klassenkämpfer, ja nicht einmal degenerierter Hochadel, kurzum – so gar nicht gemacht für eine waschechte Glitzerbiographie. Kleinbürger sind die Lindenbergs, die immer satt zu essen haben und ein gutes Auskommen. Vater Gustav hat von seinem Vater eine Klempnerei übernommen, das heißt, er hat sie übernehmen müssen: Pflichtgefühl und Fernweh fochten einen kurzen Kampf, aber der Kampf war ungleich und von vornherein entschieden, gelten doch Ausbruch und Fernweh nicht gerade als bürgerliche Tugenden. Fortan träumte Gustav nur noch am Tresen und an Stammtischen von einer Dirigentenlaufbahn oder einer Konditorkarriere im vornehmen Wien. Klempnermeister Lindenberg wird in den Kneipen gern gesehen, denn er ist eine gesellige Natur, er lebt **7**

förmlich auf, wenn er mit Klein-Udo an der Hand die Runde macht. Künftig wird die Kneipe als öffentlicher Platz und Institution für Udo L. eine besondere, doppelte Bedeutung haben: Sein Lebenslauf wird eine nicht enden wollende Abfolge von Restaurationen sein, außerdem ist — ob Zufall oder Fingerzeig — die Bierzentrale auch die Stätte von Udos künstlerischem Urknall.

Ulrich Hoppe hat die Begebenheit notiert:

»… Ist die Runde im wahrsten Sinne voll, ruft Gustav feierlich nach hinten, wo der kleine Udo aus Bierdeckeln Schlösser baut: ›He, Udo! Sag uns mal 'n Gedicht auf!‹

Alle klatschen Beifall.

Der Dreikäsehoch klettert auf einen Stuhl. Kindliche Handbewegungen, von den Erwachsenen abgeguckt, kommandieren Ruhe.

Man weiß, was kommt.

Es gibt nur ein Gedicht, das Gustav seinem fünfjährigen Sproß beigebracht hat. Doch gerade die stete Wiederholung steigert den Reiz der absurden Darbietung. Gleich kommt wieder dieses irgendwie komische, irgendwie trostlose Gedicht, von dem jeder an der Theke den Sinn erahnt, denn es ist die Gegenwart der Flüchtlingsströme.

Udo schiebt bedeutungsvoll die Lippen vor.

Biergläser verharren.

Das Kind deklamiert in ostpreußischem Tonfall:

›Herbstlich farben sich die Blätter
Immer schlachter wird das Wetter
Früh stückt man das Lecht schon an
Weil man nücht nichts kieken kann
Nur der Spatz, der Lorbas, lakert
Wo der Wallach hingeklakert …‹

Tosender Applaus. Udo verbeugt sich und springt von der Sitzfläche hinunter. Er wird mit einer Brause belohnt, vom Vater kurz übers Haar gestreichelt, und die Männer vertiefen sich wieder in ihren Dunst und Nebel …«

(U. Hoppe, Udo Lindenberg)

Das war 1951. Den Beweis für seine »Außerordentlichkeit« mußte er dem Vater schuldig bleiben, Gustav Lindenberg stirbt 1971.

Udo Lindenberg sagt später: »Ich wollte es für das Ding, ich wollte es für mich, ich wollte es für meine Eltern, die immer noch nicht so ganz überzeugt davon waren, daß ich was richtig Großes hinkriegen würde. Dann wollt' ich mich vor meinen Dirigentenvater stellen und ihm sagen: ›Power to the Lindis, dein Filius hat es hingekriegt.‹ Ja, ich würde

8 mit einem großen Auto und 'nem prallgefüllten Scheckbuch und 'ner

Kiste feinster Havanna-Zigarren, von Davidoff persönlich gerollt, und 'nem Blumenstrauß von der Firma ›Extrasprieß‹ und 'ner Pulle 46er Edelcognac in Gronau erscheinen und meinen Eltern sagen: ›Ich dank' Euch für Verständnis und Geduld, hier kommt der Mann mit dem Lottogewinn, und alles ist unter Kontrolle‹ …«

Zu Hause war Mutter Hermine das Zentrum der Familie. Von ihr ging die beruhigende Stärke aus, die alle zusammenhielt.

»… Für die Ehe hatte Mutter ihre glanzvolle kaufmännische Karriere jäh abgebrochen, denn bevor Gustav um ihre Hand anhielt, war sie Filialleiterin bei ›coop und flopp‹. Das Angebot, Gustavs große Göttin zu werden, war halt für sie das eine Angebot, das sie nicht ablehnen konnte. Hermines kaufmännische Fähigkeiten sollten Gustav allerdings sehr zugute kommen, und meine Mutter half dann ja auch kräftigst in der Firma mit. Wat 'ne fleißige Frau …«

Mutter Hermine trägt die Sorgen des Alltags, denn Gustav sieht man nur Weihnachten und Silvester in der Küche stehen, wenn er Herings- und Kartoffelsalat anrichtet.

Die Gartenstraße ist der Nabel der Welt und eine gute Kulisse für eine glückliche Kindheit. Der ganze Tag auf der Straße ist ein einziges Abenteuer. Räuber und Gendarm, Verstecken in den Gärten, Klingelzüge und Äpfelklauen, Kindergeburtstage mit Pflaumenkuchen und »Onkel Dr. Udo hatte seine Sprechstunde im Gebüsch …«.

Clemi aus der Nachbarschaft ist der Freund dieser Jahre. Die Welt weitet sich langsam bis zum Bahndamm und zur Dinkel, die irgendwo ins Meer mündet.

»Wo kommen wir eigentlich her?« will Udo vom Großvater wissen. Der nimmt den Jungen an die Hand, geht mit ihm an die Dinkel und erzählt von einem großen Fluß, dem Rhein, und vom Hafen Duisburg-Ruhrort. Dort soll vor undenklichen Zeiten der Urahn der Sippe festgemacht haben. Die genauere Abkunft bleibt dunkel, und Großvater hilft sich mit Spekulationen. »Vielleicht von Sizilien!« orakelt er. Das gefällt dem Enkel so vorzüglich, daß er später bei der Legendenbildung immer wieder auf dieses Versatzstück zurückgreift.

Der Großvater mütterlicherseits war Werkmeister in einer Textilfabrik der Van Deldens, wohnte mit Frau und Kindern in einem Haus, das den Van Deldens gehörte, und kaufte in Geschäften ein, die Eigentum der Van Deldens waren. »… Die Fabrik finanzierte sich so ihre Kapitalanlagen zurück, denn die Mieter mußten ja ihren Lohn umlaufkapitaltechnisch in Form von unverbiegbaren, schwer vergnügbaren Miet-Schecks an die Drosselbart-Fabrikbesitzer retour bezahlen … Auf diese Weise schoben die Arbeiter ihre ganzen Kohlen wieder an die Fabrik zurück. So habe ich schon ganz früh eine Ahnung davon gekriegt, wie Kapitalismus funktioniert …«

Es versteht sich von selbst, daß eine wohlfeile und sittlich intakte Stadt einen Gott hat. Der ist im Falle Gronaus katholisch. Die Großmutter ermahnt den unwilligen Knaben zur Gottesfurcht und verlegt sich auf taktische Einwände. Wer auf Erden schon einer unsicheren Zukunft entgegensieht, sollte auf das Geschenk himmlischer Sicherheit nicht vorschnell verzichten.

»... Mein Vater und meine Mutter waren in jesustechnischen Angelegenheiten recht liberal. Beide hatten den Mitgliedsausweis zeitweilig beim Bezirksfinanzamt Epe-Süd abgegeben, und Hermine hat sich aber später den Clubausweis wieder zurückgeholt. Auf vehementes Drängen meiner Oma wurden meine drei Geschwister und ich dann aber vorsichtshalber doch getauft, weil, man weiß ja nie.

Ich war da schon neun Jahre alt. Wir wurden vollgespritzt und vollgesprenkelt, kübelweise Weihwasser ins Gesicht. Der Pfarrer hat ständig unsere Namen verwechselt und sagte immer ›Inge‹ zu mir ...«

Vater Lindenberg folgt in Gottesdingen seinen eigenen, freigeistigen Glaubensregeln: Kriege und Konflikte entstehen aus religiösen Motiven — es lebe die Vielgötterei.

Den kirchlichen Feiertagen kann man sich indessen nicht ganz entziehen, hier ist Teilnahme konventionelle Pflicht. Dem Halbwüchsigen werden sie später zum Balken im Auge, denn die Kneipen halten an diesen Tagen anstandshalber geschlossen. Trauer, Hosianna und Langeweile sind das Diktat dieser hohen Tage. Niemand unter den Heranwachsenden versteht Sinn und Zweck, und keiner erklärt ihn.

Später wird Udo auch konfirmiert. Der Konfirmationsunterricht zeigt nicht die gewünschte Wirkung. »... So gegähnt wie da hab' ich schon lange nicht mehr ... Vieles davon, auch die Sprache der Bibel und den ganzen Kram, hab' ich überhaupt nicht verstanden. Während ich damals schon sehr große Stücke auf Jesus Christus gehalten habe und es auch heute noch tue, weil ich seine Botschaft für ganz wichtig halte. Aber ich finde es ziemlich traurig, daß die Menschen aus dieser Möglichkeit so wenig gemacht haben und die message entweder gar nicht oder nur sehr luschig praktizieren ...«

Besser, man verkleidet sich als Indianer und hat Spaß bei den alljährlichen Karnevalsumzügen. Nur daß dabei marschiert werden muß, stört das Vergnügen. Oder die kitzlige Ungewißheit des Detektivspiels: Der falsche Mann geht zum falschen Zeitpunkt in die falsche Kneipe, alles höchstverdächtig! »... Da muß man ganz wachsam sein ... Ich schob das Kinn nach vorne und hielt die Lupe vors Prüfauge ...« Dieses nachhaltige Interesse und diese Gewissenhaftigkeit fehlten dem Jungdetektiv in der Schule leider ganz und gar. Glücklicherweise ist er Popstar geworden, möchte man sagen, sonst hätte es kein allzu gutes Ende genommen.

Leistung und Einstellung können für nachwachsende Generationen nicht beispielgebend sein. Die Pädagogen von heute müssen geknickt hinnehmen, daß ein solcher Schüler es doch zu etwas bringen kann.

Udos alter Schulmeister Hans ten Brinke gibt an: »Sehr häufig kann man als Klassenlehrer, und ich habe alles unterrichtet außer Chinesisch, den Lebensweg seiner Schüler voraussagen. Die Grundeinstellung eines Menschen ändert sich selten … Das mit Udo Lindenberg ist in meiner Praxis einmalig. Er wollte Kellner werden, als Steward zur See, im Hotelgewerbe arbeiten, und das würde mich heute auch nicht überraschen. Aber was er jetzt macht …! Dafür ist er einfach zu unauffällig gewesen.« (U. Hoppe, Udo Lindenberg)

Er hat für die Schule nicht viel übrig. Auch in seiner Erinnerung geht er über diese Episode mit Geschwindschritt hinweg, läßt es bei knappen Fußnoten bewenden.

»… Schule fand ich eher langweilig. Genaugenommen hatte ich kein Interesse an der Schule. War mir ziemlich egal. Wozu auch, als trommelndes Naturtalent. Ich hab' dann zwar die Mittlere Reife gemacht, aber so mehr von der Firma Durchschleicholin und Dr. Abschreibeberg. In Mathe hatte ich sogar mal 'ne Eins. Das lag aber nur daran, daß der Platz neben dem Klassenprimus an diesem Tag gerade frei war und ich mich mit dem Rückspiegel und dem eingebauten Röntgenschirm neben ihn geschlichen hatte. Zwei Tage später, als die Zensuren verkündet wurden und ich mit 'ner Eins dabei, kriegte die ganze Klasse 'nen Lachkrampf. Aha, der Vorführer hatte wieder zugeschlagen … In der Volksschule genoß ich vier Jahre lang den gleichen Lehrkörper, mit zwei Ohren dran. Fräulein Klaas war in erster Linie meine Klavierlehrerin, aber unterrichtete die gleiche Klasse parabolspiegelmäßig auch in allen anderen Fächern, so daß ich heute respektbetont sagen kann, von ihr fast alles gelernt zu haben, was man im späteren Leben sowieso nie braucht. Aber sie hat's ja gut gemeint …«

Der Schriftsteller Peter-Paul Zahl erinnert sich 1982 und schreibt die Erfahrungen dieser Generation auf:

»… Provinzkaffs mit Zwergschulen, in denen Hildegard Knefs nackte Titten noch wahre Sturmtrupps erboster Katholiken auf die Beine brachten; in die Schule gefallen, unter prügelnde bigotte Rektoren und später unters Gymnasium. Rotz, Mann absoluter Rotz! In all den Jahren drei, vier gute Lehrer. Einer davon in Musik. Er spielte Jazzklarinette. Da kam Musik ins Leben. Und sonst: Latein, Mathe, Bio, Englisch, Physik, Chemie: subtile Foltern, Abtötung von Spontanität und Phantasie. Da wurde kein ›Federhalter zum Vogel‹, wie olle Prevert sagt, da wurde mit Schlüsselbunden geschmissen, stumpfsinnig gepaukt, da stank es nach Schweiß, Bohnerwachs und Kreide, da regierten Langeweile, Abstumpfung, Dressur, die ›hohlen Männer/die Ausgestopften/aufeinandergestützt/Stroh im Schädel‹ (Eliot). Wir sollten werden wie die!« (P. P. Zahl, Body & Soul; in »Fans, Gangs, Bands«, herausgegeben von C. L. Reichert)

Das Erlebnis Schule dürfte für Udo ähnlich abgelaufen sein. Der Groll unseres Zöglings ist also durchaus verständlich, aber er bot auch einen prächtigen Vorwand. Die zweite Hälfte der Diagnose muß nämlich lauten: Starkeimling Udo war schlicht und ergreifend faul.

Die in Interviews immer wieder behauptete Eins in Deutsch, mit der das Bild des Popstars wohl leicht aufgehellt werden soll, wie auch der »aufsässige Außenseiter« gehören in das Reich der Legende.

Der Journalist Ulrich Hoppe hat 1979 bei seinen Recherchen in Gronau ein paar Details herausgefunden, die der Wirklichkeit ein bißchen näher kommen dürften: »… In Deutsch pendelt er lustlos zwischen 3 und 4, … in Mathematik steht er auf 4, in Geschichte auf 3 und in Erdkunde, obwohl er von fernen Weltreisen träumt, hagelt es ein halbes Jahr vor dem Abschluß eine warnende 5 …« Weiter zitiert Hoppe einen ehemaligen Klassenkameraden, den Westberliner Maler Klaus Vogelgesang: »Udo war der allerjüngste, hatte was vom Benjamin, … taktierte geschickt immer an der Wand lang – so auf stille Anpassung. Er hatte es raus, wie er sich vor allem zu drücken hatte. Und er hatte diese Vereinsmeierei drauf, dem Status der Erwachsenen nachzueifern, was mir völlig abging. Udo arrangierte sich mit allem, wurde Kegelbruder, der große Biertrinker, der große Zigarettenraucher, stets bemüht, es ganz schnell den Erwachsenen gleichzutun, um akzeptiert zu sein.« Und dann folgt die Schilderung einer Szene, die Klaus auf dem Schulhof beobachtet hat: »In der Klasse gibt es einen bulligen, brutalen Typen, der gern Stunk macht und ein paar andere Schläger um sich schart. ›Rollkommando‹ nennen sie sich, und sie haben ihren Spaß daran, die Schwächeren zu terrorisieren, zu verprügeln und zu quälen. Alle fürchten sich vor diesem Schlägertrupp, und jeder wird mal vorgeknöpft. Nur Udo nicht.

Udo macht sich bei dem Boß Liebkind. Er erwirbt die Gunst des Bullys, indem er sein Hofnarr wird. In jeder Pause spielt er Bullys wandelnde, lebende Musikbox, hängt im Gehen dicht an dessen Ohr und singt ihm ›Tutti Frutti‹ und andere Rockhits vor. So entgeht er der Gewalt …« (U. Hoppe, Udo Lindenberg)

Udo kann sich an diese Situation nicht erinnern. Er zweifelt an, daß es so gewesen sein könnte, und murmelt etwas von »diplomatischen Unterhandlungen« und »Freund des Friedens«. Damit ist das Thema für ihn vom Tisch.

Alles in allem: Nicht außergewöhnlich, sondern ganz normal tritt uns

Jung-Udo entgegen, Selbstzeugnisse des Künstlers schützen die quirlige Kontinuität lediglich vor, aber wer lebt schon ungebrochen mit seiner eigenen Vergangenheit?

Da war so viel los

Plötzlich bin ich wieder der kleine Junge
ganz spitz auf Lakritz
für den eine Expedition zum nächsten Block
weit wie 'ne Reise nach China ist
der kleine Robinson Crusoe
auf Entdeckungstour
meiner Mutter Hermine mißfielen
die Onkel-Doktor-Spiele
und meine Schwäche für Whisky-pur
ich seh' July Müller, meine erste Liebe
mein Herz knallte los
wir wollten heiraten, doch dann kam Jan von nebenan
und ich verliebte mich in Rennautos

Da war so viel los
das Leben bestand ausschließlich aus Sensationen
und jeder Tag
brachte jede Menge phantastische Situationen
Einmal sind wir losgezogen
wir suchten das Ende vom Regenbogen
da war schwer was los ...

Und dann in der Schule hatte
keiner Bock auf Mathe
lieber ging man stolz mit 'ner Zigarette
zum Schwindeligwerden auf die Toilette
Gerne quälten wir auch manche Lehrer
die wurden sowieso immer unfairer
einen haben wir so fertiggemacht
der hat sein ganzes Gehalt zum Psychiater gebracht

Kinder:
Also ich werd' später Löwenbändiger
Ach nee, das is' viel zu gefährlich
da wird man ja gefressen
ich werd' lieber Kaugummifabrikant
Ich find' das besser: Taucher

Ich werd' lieber Pop-Star
Das find' ich alles ganz doof, ich mach 'nen Zirkus auf
Ich werd' später Testpilot
Und ich Filmstar in Hollywood

Letzte Woche war ein Klassentreffen
da sah ich sie wieder
die mißglückten Helden, die jetzt Beamte sind
die Bonnies und Clydes von früher
jetzt als Herr und Frau Bieder
die Power von damals ist leider hin
und Fritz der Cowboy wurde nur
Manager bei der Müllabfuhr ...

Die fünfziger Jahre

— 1952: Ende der ökonomischen Hilfe der USA durch den Marshall-Plan, das bundesdeutsche Wirtschaftswunder kommt in Gang.
— 1955: Aufbau der Bundeswehr nach Remilitarisierungsbeschluß der Regierung, etliche der in den Nürnberger Prozessen verurteilten Nazis besetzen Positionen in Armee, Wirtschaft und Justiz; Bundesregierung droht mit dem Abbruch der diplomatischen Beziehungen zu den Staaten, die die DDR anerkennen; Beitritt der BRD zur NATO.
— 1956: Verbot der KPD.
— 1957: Namhafte Wissenschaftler warnen im Göttinger Appell vor der atomaren Gefahr.
— 1958: Verträge über EWG treten in Kraft, beteiligt sind Frankreich, BRD, Italien und die Benelux-Staaten; Beschluß zur atomaren Bewaffnung.
Die fünfziger Jahre sind das Jahrzehnt des »kalten Krieges«. »Keine Experimente«, spricht Wirtschaftsminister Ludwig Erhard und konserviert die alte Hackordnung, die den politisch mündigen Bürger nicht braucht. Mit kräftigen amerikanischen Finanzspritzen zaubert er »das Wirtschaftswunder« aus dem Hut. Gefragt ist der kopflose Knuffer mit Anschaffermentalität. Restauration statt Neuanfang, politisch bleibt alles beim alten. Der kleine Mann rennt dem kleinen Glück nach, und die großen Herrn im Zwirn sahnen lachend ab. Behagliche Selbstzufriedenheit macht sich breit.
Wie mußte diese Zeit auf Jugendliche wirken? — Der Konflikt war regelrecht vorprogrammiert. Ein fragwürdiges System von bürgerlichen
14 Werten, moralischer Heuchelei und Phantasielosigkeit, ein eng vorge-

zeichneter Lebensweg in einer angepaßten, aufs pur Materielle orientierten Gesellschaft, das war der Hintergrund, auf dem sich der diffuse Protest formulierte. Der dumpf empfundene Druck machte sich unüberhörbar Luft.

»In welcher Welt lebten die Eltern eigentlich? Was die Jugendlichen am meisten störte, drückten sie erst einmal sehr unbeholfen aus: Lehrlinge demolierten Maschinen (1957) … Den Älteren wurde vorgeworfen, nicht aufrichtig zu sein und der Karriere Träume von einem besseren Leben geopfert zu haben. Die Jugendlichen sahen ein entleertes, nur an Geld und Aufstieg orientiertes Leben voller doppelter Moral und Anpassung. Die Folge war Protest gegen Heuchelei und Kriechertum, zuerst nur zaghaft.

Die Gräber der letzten beiden großen Kriege mußten immer noch gepflegt werden; die Wochenschauen zeigten an jedem Jahrestag des Atombombenabwurfs auf Hiroshima die Verkrüppelungen und Entstellungen Tausender Japaner. Wie konnte man das hinter der Betriebsamkeit des Alltags und der geregelten Langeweile des Familienlebens immer wieder verstecken? Dieser Zorn kam zuerst im miefigen Dunkel des Kinos und vor den Plattenspielern raus.« (Udo Lindenberg, Rock 'n' Roll und Rebellion)

Eins indessen teilten die Jugendlichen mit den Erwachsenen: Man war sich einig in der ungebrochenen Begeisterung für alles Amerikanische. Die Segnungen, die über den großen Teich kamen, wurden ungeprüft angenommen und zum Maß aller Dinge erklärt. Cola, Camel, Nylons und Cadillacs waren Garanten des neuen Lebensstils. Das galt auch für die kulturellen Importe, bis der Rock 'n' Roll kam und der jungen Generation ihr eigenes Identifikationsmodell an die Hand gab.

»Du mußt dir das einmal vorstellen: Mitte der fünfziger Jahre war es überhaupt nicht selbstverständlich, daß man im Radio seine Musik (den Rock 'n' Roll) hörte, im Kleiderschrank seine Sachen (Blue Jeans und was dazugehört) hatte und im Kino seine Idole (z. B. James Dean und Marlon Brando) verehrte. Alles mußte erkämpft werden. Im Radio sang Peter Alexander ›Der Mond hält seine Wacht‹. Rock 'n' Roll war bestenfalls auf den amerikanischen Besatzungssendern zu hören. Und auch da wurde die Musik des zahmen Rockabilly-Hüftphänomens Presley der grellen ›Niggermusik‹ Little Richards vorgezogen …

Doch die ersten ›Krawallmacher‹ waren schon da – sangen Gospels im tiefen amerikanischen Süden oder stimmten die elektrischen Gitarren in den Slums der Wolkenkratzer-Städte. ›Tutti Frutti‹ (Little Richard) und ›Sweet Little Sixteen‹ (Chuck Berry) gehörten zu den Randale-Platten, die in den Jungmädchenzimmern und auf den Autorücksitzen den Aufstand gegen die Uralt-Erziehung ankündigten. Diese **15**

Entwicklung kam — wie alle Sachen aus Amerika — verspätet in der Bundesrepublik Deutschland an.«
(Udo Lindenberg, Rock 'n' Roll und Rebellion)
Aber sie kam an. Der »Rheinische Merkur« meldet am 7.11. 1958 über die Bill-Haley-Konzerte: »Dieser Feldzug wider die letzten bescheidenen Reste von Anstand und Selbstachtung rollte wie ein organisierter Überfall ab. Es begann am 26. Oktober im Berliner Sportpalast. Das Fazit der ›Musikschlacht‹ war nach zweistündiger Saaldemolierung ein Schaden von über 60 000 Mark. Dieser erfolgreiche Start garantierte natürlich ein ›volles Haus‹ für die Ernst-Merck-Halle in Hamburg: Die Halbstarken von der Unterelbe waren durch die Erfolgsmeldungen von der Spree aufgefordert zu zeigen, daß sie an schierer Brutalität hinter den Berliner Rock-and-Roll-Kommandos nicht zurückstehen. Ergebnis: für 30 000 DM Trümmer. Trotz dieser Vorwarnungen wurden die Polizeidirektoren nicht hellhörig. Am 28. Oktober, dem Tag der Papstwahl und des Einzugs der britischen Königin ins Oberhaus, lieferten in Essen 1000 Polizisten der sechsfachen Anzahl von Haley-›Fans‹ die dritte Saalschlacht. Einen Tag später zeigten auch die Stuttgarter, daß sie mühelos 6000 Rowdys auf die Beine bringen, wenn es zu beweisen gilt, wie stark die Haufen unerzogener Flegel in diesem Land sind. Weder in Hamburg noch in Essen, noch in Stuttgart kam die Polizeidirektion auf die einfache Idee, nach der Orgie im Berliner Sportpalast der inszenierten Wiederholung von vornherein durch ein Verbot der Rowdy-Treffen Einhalt zu gebieten.« Noch interessanter als der Inhalt dieser Meldung ist der Ton, in dem sie abgefaßt ist. Der bürgerlich selbstgerechte Dünkel verrät sich in jeder Zeile, die mangelnde Bereitschaft zur Selbstbefragung und die behäbige Verweigerung jeder kritischen Untersuchung von Ursachen sind geradezu sinnfällig. Dabei ist es genau das, was die Jugendlichen so aufbringt. Die Demonstration von Unzufriedenheit hat keine klare politische Motivation. Die bleibt der Jugendbewegung der sechziger Jahre vorbehalten. Bürgerrechtsbewegung und Studentenprotest liegen noch in der Zukunft. In den studentischen Kreisen der fünfziger Jahre hört man beileibe keine Rockmusik. Die ist die Musik der Straße. Wer unter den Studenten und in ambitionierten Intellektuellenkreisen wirklich auf sich hält, zieht den Jazz vor. Die Avantgarde ist unter sich und auf Abstand bedacht. Konzertveranstalter Fritz Rau erinnert sich:
»Ich hatte das Bedürfnis, aus Geschichte zu lernen. Ich wollte mich nicht in diesen Verdrängungstaumel einbringen und aufgeben. Damals habe ich in Heidelberg studiert, dort fanden sich immer mehr Freunde, die das auch nicht mitmachen wollten, und die Musik, die gehört wurde, war Jazz. Politisch und kulturell waren wir Existentiali-

sten, waren radikale Mönche des Existentialismus. Verkauften unsere Habe, weil wir dachten, Eigentum sei Diebstahl. Man könnte idealisierend sagen, daß es der Ekel vor der Gesellschaft gewesen ist. Aber andererseits mußte ich auch etwas nachholen. Ich war ein so braver Schüler und Hitlerjunge und mußte jetzt einfach mal auf die Pauke hauen.

Die Brücke zwischen Jazz und Rock haben wir erst in den sechziger Jahren mit der Organisation des American-Folk-Blues-Festivals geschlagen. Folk-Blues, das war die wahre, unverfälschte Wurzel, Rhythm & Blues haben wir erst viel später einbezogen. Der stand uns zu nah an der Rockmusik, und das wollten wir nicht.«

Rockin' And Rollin'

Als Bill Haley sich in meine Ohren bohrte
war ich 'n Frischling, war gerade erst zehn
ich hatte keine Ahnung
und kapierte auch den Text nicht
trotzdem konnte ich Bill gut versteh'n
und zu Hause knallte dieser Sound aus dem Radio
ich trommelte mit
uh, das gefiel mir so
und dann hab' ich den kleinen Mann
im Lautsprecher gefragt
warum macht mich das so an
und da hat er mir gesagt:

Gestatten Sie, daß ich mich Ihnen vorstell'
mein Name ist Rock and Roll
Rockin' and Rollin'

Meine Väter waren die Jazzer
in den Kaschemmen in New Orleans
und meine Mutter malochte sich fast tot
in den Baumwollfeldern von Mississippi
meine Tanten hatten in Chicago
einen Honky-Tonky-Puff
und mein Onkel starb in Memphis
am Southern Comfort Suff
und meine Söhne trugen Pomade
in den Haaren
sie machten Putz und machten Schluß
mit den lahmen Jahren

17

Rockin' and Rollin'
Nichts macht mich kaputt
weil ich so lebendig bin!

Die Trommel ruft …

Am Sonntag ruht das rechtschaffene Gronau von den Mühen der Woche aus.
Udo steht sehr früh auf und schaltet den Plattenspieler an. Er sucht unter den Schellackscheiben und entscheidet sich für das »Ave Maria«. Die Eltern lieben es, wenn er sie mit Musik weckt. Nach Kirchgang und Mittagessen in Familie amüsiert sich die Gronauer Erwachsenenwelt bei einem Tanzvergnügen oder auf einem Schützenfest. Sie »… spielen die genormten Spiele einer kleinen, engen, zickigen Gemeinde. Das fand ich alles so spärlich geraten, das war nicht das Leben aus dem vollen. Das war nicht das Leben als Abenteuer, das war so 'ne unheimlich kleine Version. Hard times in the town. Fünfziger Jahre …«
Montagabends gehen die Alten ins Kino zu Romy Schneider und sehen sich die Romanzen von der Kaiserin Sissi an. »Was bin ich?« fragt Robert Lemke aus dem Fernseher und wirft ein 5-Mark-Stück ins Schweinchen. Die Frage »Wer bin ich?« wird in Gronau nicht gestellt, nur von ein paar verrückten Kids. »… Es gab … noch ein paar andere Jungs und Mädchen in der Stadt, die auch rumgesponnen haben … Die wurden ganz schnell runtergemacht. Da hieß es ›Das geht hier aber nicht!‹ und: ›Ihr habt ja wohl 'n Nagel im Kopf!‹ und: ›Das paßt ja überhaupt nicht in die Welt!‹ …«
Gronau ist das Maß aller Dinge. Man hält das geordnete und ordentliche Leben für das Leben schlechthin. Die kleine und die große Welt sind zweierlei, aber es gilt die Elle von Gronau. Man ist mit sich selbst beschäftigt und will vorwärtskommen, der Nachwuchs soll es einmal besser haben. Dieser Nachwuchs merkt sehr schnell, daß für seine Sorgen kaum Platz und Zeit ist.
In der »Quelle« sitzen die Männer beim Bier. Sie trinken aus Gläsern, die ihren Namenszug tragen, und reden über die alten Zeiten − beim Wirt kann man bis zum Lohntag anschreiben lassen. Die Frauen zu Haus freuen sich über Billigangebote und wecken tüchtig ein, damit die Familie gut über den Winter kommt.
Die Kinder gewöhnen sich daran, mit ihren Problemen alleingelassen zu werden. Geredet wird nur über das belanglose Einerlei. Sprachlosigkeit macht sich breit. Besonders zugeknöpft sind die Erwachsenen, wenn ein »gewisses« Thema berührt wird, das sich anständiger-

weise und geräuschlos bei Nacht unter der ehelichen Bettdecke abspielt. Für diesen Fall empfiehlt das Reglement entweder totales Schweigen oder eine Gruselgeschichte. Der liebe Gott sieht es nicht gern, wenn man sich da selbst anfaßt und straft den Sünder mit Rükkenmarkschwund.

»... Aufklärung nämlich: Das gab's damals gar bis überhaupt nicht ... Zu Hause hat mich auch keiner aufgeklärt ... Sexualität war Los Anonymos, Diskretos, Kriminalos. Was man über Mädchen wissen mußte, gab's an der Schule auf jeden Fall nicht zu lernen. Aufklärung war eher Nichtklärung und wenn, dann nur auf der absoluten Horrorschiene. Totale Abschreckung. Es wurde gedroht mit Siechtum, Schwersterkrankungen und Hölle außerdem ...«

Wachsamer Hüter und zuständiges Organ fürs Delikate ist die Kirche. Sie legt den kleinen Raum des Erlaubten fest. Nur Ehegatten dürfen es tun – und zwar ausschließlich zum Zwecke der Zeugung. Lustfeindliche Verbote markieren die Grenzen der prüden Welt. »... Die großen düsteren Wolken der Bedrohung und der Todesstrafe« hingen »am Gronauer Himmel über mir, der ich zwischen rasender Begierde und stumpfer Angst hin- und hergerissen war ...«

Hinter dem Schein des Intakten ist die kleine Stadt von Tabus umstellt. Der Wunsch zu verdrängen, was man nicht wahrhaben will, hält die Gesellschaft beisammen. Die so produzierte Enge duldet nur das Genormte, nicht das Anderssein. Das Anderssein wird als abartig abgetan. Auf diese Weise entzieht man sich einem Vergleich und muß sich lästigen Fragen erst gar nicht stellen. Die Verehrung des Wortes »normal« kommt nicht von ungefähr. Das Wegschweigen von Rissen und Konflikten, ja die naive Vorstellung, daß eine Sache schon in dem Augenblick verschwindet, wenn man nicht mehr über sie spricht, fördert den Hang zu Heuchelei und Idyll. Der Bürger pocht auf sein Recht an der heilen Welt.

Die Gronauer hören im Radio die Schlager mit den seichten und abgestandenen Gefühlen. Fred Bertelmann singt das Lied vom Vagabunden, der lachend durch die Welt zieht. Und die stille Verabredung lautet, daß jeder getrost daheim bleiben kann.

Die Schwindelromanzen erzählen vom Abenteuer der Seefahrt und von den Fischern auf Capri, aber sie sagen nie: »Steh auf und geh nachsehen!« Musik als portionierter Kunsthonig für den Hausgebrauch. Der farblose Alltag läßt sich geschminkt porträtieren und glaubt an sein koloriertes Gesicht.

Udo hört diese Musik, aber auch die anderen, neuartigen Töne, die zuerst im Programm von »Radio Hilversum« sind. Der holländische Sender spielt Elvis Presley, Bill Haley, Paul Anka und Neil Sedaka. Trotzdem ist das nicht die Initialzündung, die sich später in Biogra- **19** phien so schön ausmacht: Einmal Bill Haley gehört und gewußt, wo's lang geht. Die ersten musikalischen Erfahrungen sind ein Sammelsurium von allem. Jedoch zeigt sich sehr bald die Vorliebe für schnelle und rhythmusbetonte Stücke. ›... Ich kriegte ein unheimliches Jucken in den Fingern und mußte sofort mittrommeln ... auf allem, was da grad so rumstand, auf Kochtöpfen, auf Blumenvasen und Tischen und auf 'm Knie ...« In der Schule bearbeitet er die Bänke.

Auf der anderen Seite der Gartenstraße stehen leere Benzinfässer in einer Lebensmittelgroßhandlung. Stundenlang schlägt er mit selbstgeschnitzten Stöcken auf ihnen herum. Das gibt einen interessanten Sound, der die Nachbarn nervt. Er trommelt sich mehr als nur die überschüssigen Energien aus dem Leib. Aus dem Spiel wird ein Langzeitverstoß gegen die Konventionen. Der Kampf gegen die Anpassung findet auf Pappkartons und Fässern statt. Die Auseinandersetzung ist wortlos.

Bruder Erich bringt Jazzplatten mit nach Haus. Udo hört Chris Barber, Benny Goodman und Glenn Miller. Und dann kommt der Tag, an dem er elf Jahre alt wird. Am 17. Mai 1957 geht Erich mit ihm in den »Schützenhof«. Dort spielt die BORDER-TOWN-JAZZBAND: »... Erstmals sah ich ein richtiges Schlagzeug. Und ich hab' zu meinem Bruder gesagt: Ich möchte unheimlich gerne mal ein Stück mittrommeln, einfach so. Und er kannte die Jungs von der Band, die so in seinem Alter waren, weiß nicht, zwanzig, neunzehn, achtzehn. Er hat die Jungs gefragt. Ich hab' getrommelt, einfach so, obwohl ich vorher noch nie an einem Schlagzeug gesessen hatte, und es gefiel den Leuten irgendwie sehr. Ham gesagt, ›Naturtalent‹ und so, und ›Is alles klar‹. Und: ›Da wir sowieso 'nen Schlagzeuger brauchen ...‹ (Der, der das Schlagzeug spielte, wollte lieber Banjo spielen, und da wurde der Schlagzeugerjob frei.) Und dann ham sie gedacht, das is 'n unheimlicher Gag, so 'n Frischling in kurzen Hosen, den werden wir jetzt einfach mal engagieren ...« Von da an ist er immer dabei. Dienstags und freitags ist Probe, und am Wochenende wird gespielt. Um 22.00 Uhr muß Udo die Stöcke aus der Hand legen. Ein älterer Ersatztrommler dreht den Hocker wieder hoch und spielt weiter. »... Weinend verschwand ich hinter den Kulissen ...«

Und noch etwas stört das Naturtalent: »... Alle tranken eimerweise Bier, und ich durfte immer nur an 'ner Tafel Schokolade rumlutschen ...« Jedoch wird er reichlich entschädigt. Der unscheinbare Junge rückt in den Mittelpunkt, und die Mädchen nehmen außerordentlichen Anteil. »... Andere Jungs, die schon viel größer und weniger pickelig waren als ich, standen durchstutzmäßig und kratzbetont in der Ecke und kriegten keine Mädels mehr ab. Die Herzen der jungen Gronauer Nymphen waren alle auf mich fixiert ...«

Die Musik, die die Band macht, findet zu Hause durchaus Verständnis. Mutter Hermine mag Dixieland.

»... Wir kamen mehr aus der Bürgerecke. Das machte schon so 'n gewissen Unterschied. Und Jazz war damals etwas Vornehmeres, mit 'm höheren Anspruch. Die Rock 'n' Roller waren mehr so die ›Proleten‹ ... In Gronau sah das so aus, daß die Rock 'n' Roller Mopeds hatten und Fuchsschwänze dran und Lederjacken auch und unheimlich böse warn und so aussahen, als hätten sie ganz viele Messer in der Tasche. Die wirkten irgendwie ziemlich gefährlich. Wir ham uns da rausgehalten ... Die warn wahrscheinlich auch älter. Ich glaub', das war 'n Altersding. Die sagten auch immer, du kriegst was in die Fresse ...«

An Udos zwölftem Geburtstag erfüllt sich ihm ein langgehegter Wunsch: Vater Gustav kauft ein Schlagzeug. Seine erste eigene Band nennt er die PHILHARMONICS. 1958 spielt er mit der BORDER-TOWN-JAZZBAND beim nordwestdeutschen Jazz-Jamboree und erhält einen Preis als bester Dixie-Drummer. Sein ohnehin laues Interesse an der Schule erlahmt zusehends. Entzückt schlägt er morgens das Lokalblatt auf, schaut auf sein Bild und denkt darüber nach, was die anderen ihn mal alles können.

Die »Gronauer Nachrichten« melden:

»Besonderen Ausdruck verlieh diesem Rhythmus aber der erst 13 Jahre alte Schlagzeuger der Old-Time-Jazzband Udo Lindenberg, der für sein Alter ein mehr als erstaunliches Können auf dem Schlagzeug geboten hat. Nicht unverdient war er der Liebling des Publikums, und selbst ältere und erfahrene Musiker waren begeistert, als er in ›The Sheik of Araby‹ ein Schlagzeugsolo spielte, das zu der berechtigten Vermutung Anlaß gibt, daß aus diesem Jungen noch etwas wird.«

Seine nächste Band heißt DIXIE DEVILS. Die DIXIE DEVILS sind eine Schülerband – Jungs in Udos Alter, alle so um die dreizehn. Die Zeiten mit dem Plattenspieler neben dem Hühnerstall sind passé. Ein richtiger Jazzclub muß her und wird mit Gleichgesinnten gegründet. Ein Jugendheim stellt den Raum zur Verfügung, man trifft sich einmal die Woche, und es geht sehr korrekt zu. Ein Clubbuch wird geführt, denn Ordnung ist das halbe Leben. Mit kräftigen Pinselstrichen und weißer Farbe malt der 13jährige ein Schlagzeug und einen großen Clown an die Wand des verwaisten Hühnerstalls hinter dem Haus in der Gartenstraße.

Mit Unbehagen sehen die Eltern, daß Bruder Erich in der Erbfolge der Klempnerdynastie ausfällt. Erich beginnt, Malerei zu studieren, für Gronauer Verhältnisse ein außerordentlicher Vorgang. Daß Malerei überhaupt ein Beruf ist, kann sich Vater Gustav beim besten Willen **21** nicht vorstellen. Vor seinem geistigen Auge steigt das Gespenst des hungerleidenden Künstlers auf. Aber Erich setzt seinen Willen durch und wird quasi nebenbei zum Vorkämpfer der abwegigen Interessen des jüngeren Bruders.

Daran, daß Udo nunmehr zur Rohrzange greift, will niemand so recht glauben. Dem Wunsch wird auch nur sehr halbherzig Nachdruck verliehen. Gottlob hat sich der Vater die Erinnerung bewahrt, daß er damals die Klempnerei übernehmen mußte, ohne daß er wollte. Als Udo 1962 die Realschule abschließt, steht fest, daß auf jeden Fall etwas »Richtiges« gelernt wird. Eine Kellnerkarriere wird ins Auge gefaßt. Der Vater unterhält Verbindungen zu einem alten Kumpel in Düsseldorf, der ein bißchen auf Udo aufpassen soll. Der Anfang ist gemacht, denn die Hauptsache ist: Raus aus Gronau! Alles hinter sich lassen und nichts wie weg.

Den Träumen zwischen den Seiten der Comic-Hefte und auf den Klappsitzen der Kinos ist er noch kein Stück näher, aber die große Welt tut sich auf. Phantastisch, sich auszumalen, daß nichts als Abenteuer auf einen warten. Vergessen ist ein böser Sturz mit dem Rennrad, der Sturm auf den Gipfel des Ruhms wird unfallfrei sein.

Was man sich wünscht, braucht man sich nur zu nehmen, es wartet schon darauf. Vorsicht, jetzt kommt Udo, der Herzensbrecher, das Trommelwunder. Alles unter Kontrolle!

Vorläufig ist nichts unter Kontrolle. Gleichwohl nimmt er die vage Vorstellung mit auf den Weg, alles anders zu machen. Die Gronauer Lektion hat er gelernt, er haßt den trüben Trott und die willenlose Anpassung. Sein Kapital sind die Erfahrungen jener Jahre. Diese Bilder und Erinnerungen wird er in seinen Liedern später immer wieder aufstöbern und verwerten, der Groll auf die Mitmacher und Leisetreter hat hier seinen Ausgangspunkt. Udo gibt die Geborgenheit und Sicherheit des in sich geschlossenen Kleinbürgerdaseins auf und zieht das Risiko vor. Aber das Leben mit dem Risiko bringt einem in Gronau niemand bei.

Es kostet jedesmal Mut und Überwindung, einen Schritt ins Ungewisse zu tun.

»Udo ist von kleinbürgerlicher Abkunft wie ich, und solche Leute sind ängstlich«, sagt sein Freund Horst Königstein. Der Befreiungsakt aus dem festen Griff der Gronauer Wertewelt wird anstrengend sein und kostet Selbstüberwindung. So etwas verdient Achtung. Lärmende Mitteilungen über den perfekten, showgerechten Abgang verraten, was sie verbergen sollen, nämlich das verbliebene Maß an Unsicherheit. Man kann sich aus seiner Vergangenheit nicht abmelden. Üblicherweise führt man auch Dinge im Gepäck, die man nicht unbedingt bei sich haben möchte.

1989 wird Udo Ehrenbürger von Gronau. »Wenn diese Leute, die ja das politische Klima in Gronau ganz erheblich mitbestimmen, eine so chaotische Figur wie mich zum Ehrenbürger ernennen, dann ist das doch eine Ermutigung für andere Querulanten, ganz weit nach vorne zu gehen.«

Die Skepsis, daß damit eine gewisse Salonfähigkeit signalisiert wird, teilt er nicht, räumt dann aber ein: »Das ist ein evolutionärer Prozeß. Nach 10, 20 Jahren ist eben alles in Ordnung … Ob ich da Ehrenbürger bin oder nich', ist mir egal. Ich mach' mir da nichts draus.«

Das muß man so nicht glauben. Ein Freund berichtet, Udo wäre damals sehr stolz und aufgeregt gewesen. Natürlich »… hat das damit zu tun, es denen mal gezeigt zu haben, aber mehr ist nicht dran … Du hast vorhin vom ›Steppenwolf‹ erzählt. Treppenhaus und Blumentöpfe gehören zu meiner Kindheit. Ich habe keine Neigung nach einer kleinen bürgerlichen Nische. Wenn ich die hätte, würde ich ja so leben.«

Hermann Hesse schreibt: »… − riechen Sie es nicht auch? Wie da der Geruch von Bodenwachs und ein schwacher Nachklang von Terpentin zusammen mit dem Mahagoni, den abgewaschenen Pflanzenblättern und allem einen Duft ergibt, einen Superlativ von bürgerlicher Reinheit, von Sorgfalt und Genauigkeit, von Pflichterfüllung und Treue im Kleinen …, ich selbst lebe in einer anderen Welt, nicht in dieser, und vielleicht wäre ich nicht imstande, es auch nur einen Tag lang in einer Wohnung mit solchen Araukarien auszuhalten. Aber wenn ich auch ein alter und etwas ruppiger Steppenwolf bin, so bin doch auch ich der Sohn einer Mutter, und auch meine Mutter war eine Bürgersfrau und zog Blumen und wachte über Stube und Treppe, Möbel und Gardinen und bemühte sich, ihrer Wohnung und ihrem Leben so viel Sauberkeit, Reinheit und Ordentlichkeit zu geben, als nur immer gehen wollte …«

(H. Hesse, Der Steppenwolf)

1979 sagt Udo Lindenberg in einem Gespräch mit Steve Peinemann: »Wenn ich später mal nach Gronau kam, bin ich durch die Straßen gegangen und habe mir zum Beispiel auch das Haus angeguckt, das kam mir viel kleiner vor als damals. Und wie die Leute da lebten, das kam mir noch trauriger vor. Es überfiel mich da eigentlich immer so 'ne Trauer, irgendwie … obwohl ich mir gedacht hab' …, die leben eben so, die freuen sich auch, die haben auch ihren Spaß dran. Ob meine Art zu leben eine bessere war, wußte ich auch nicht. Für mich ist's besser, aber für die wär's wahrscheinlich nicht besser, ne. Ist alles schwer zu sagen …«

Die kleine Stadt

Die kleine Stadt, die liegt so weit zurück
sie war der Mittelpunkt der Welt
unsere enge Straße war
breit wie der Hollywood-Boulevard
und in der Kirche wohnte der liebe Gott
da war er noch nicht tot
da hat er sich noch um alles gekümmert ...

Und Mutter hing die Wäsche auf
im schmutzigen Wind hinter der Fabrik
und es gab auch ein Kino
und ich war sehr interessiert
was hinter der Leinwand passiert
ob es das alles wirklich gibt
und ich war in Brigitte Bardot verliebt
und stand stundenlang vor dem Schaukasten und träumte ...

Eine Sache war für mich schon damals völlig klar
wenn ich später groß bin, fahr' ich nach Amerika
bestimmt warten die da schon
auf meines Vaters attraktiven Sohn
und dann werd' ich was Berühmtes
und zu Hause hörn sie alle davon!

In der kleinen Stadt, wenn ich da heute mal hinkomm'
dann stell' ich fest
das gleiche miefige Nest
immer noch so kleinkariert
ist wirklich nicht viel passiert
und du siehst 'n paar andere kleine Jungs
an der Ecke stehn
und die bleiben auch nicht lange
so wie die aussehn

Eine Sache ist für die jetzt schon völlig klar:
Wenn ich groß bin, fahr' ich nach Amerika
bestimmt warten die da schon
auf meines Vaters attraktiven Sohn
und dann werd' ich was Berühmtes
und zu Hause hörn sie alle davon!

»Matz« haben sie ihn in Gronau gerufen, aber das ist jetzt Vergangenheit. Der Traum hat endlich einen Namen: Düsseldorf. Wer unserem Staranwärter die Lehrstelle besorgt hat, ist unklar, darüber existieren verschiedene Versionen. Herm könnte es gewesen sein, muß es aber nicht. Sicher jedoch ist, daß Herm Eiling in Udos Phantasie eine wichtige Gestalt ist. Dieser Exot von Gronau heuerte als Schiffssteward auf einem Luxusliner an, und fortan treffen in der Gartenstraße 3 prächtige Postkarten aus aller Herren Länder ein. Diese lockenden Ansichten fordern zur Nachahmung auf. Eine Kellnerlehre scheint der Schlüssel zur großen Fahrt als Steward auf einer schwimmenden Nobelkneipe zu sein. Ob Udo mit Herm nach Düsseldorf getrampt ist, wie er selber erzählt, oder ob es eine schlichte Reise mit dem Zug war, wie andere behaupten, ist unklar und belanglos. So wie er es in dem Lied »Er wollte nach London« aufgeschrieben hat, war es auf keinen Fall.

> Mit dreizehn ist er zum ersten Mal
> von zu Hause weggerannt
> er wollte nach London und später nach Paris
> das waren komische Gefühle
> als er nachts an der Straße stand
> den Schlafsack unterm Arm
> und dreißig Mark in der Hand
> er rauchte viele Zigaretten
> und dann wurd' es wieder heller
> und morgens um sieben hatten sie ihn
> sein Alter war leider schneller
>
> Als er so um fünfzehn war, hat er's noch mal versucht
> und dieses Mal hat's hingehauen
> da haben sie sehr geflucht
> als er drei Tage später den Eindruck hatte
> daß er weit genug weg war
> hat er zu Hause angerufen
> und gesagt, es wär' alles klar
> eigentlich war gar nichts klar
> und das Geld war auch schon alle
> und nun stand er da in irgendeiner kalten Bahnhofshalle ...

Düsseldorf ist 1962 eine Stadt der mondänen und wohlhabenden Elite, aber sie scheint in ihrem Zentrum noch nicht so stromlinienförmig glatt und keimfrei geleckt gewesen zu sein wie heute. Die Szene **25** kocht. Man braucht harte Bandagen und fühlt sich wie im Wilden Westen. Mit Udos geübten Westernfilmaugen sieht sich das jedenfalls so an. Trickreicher Einzelkämpfer muß man sein. Genau wie im Kino.

Die vornehme Kö ist ein Einkaufsboulevard für die Leute mit dem ganz großen Geld. In unmittelbarer Nähe befindet sich der »Breidenbacher Hof«, eine Edelabsteige der Happy-few. Man muß dazugehören, um hier zu verkehren. Diskrete Legitimation sind Nummernkonten und klangvolle Titel. Im »Breidenbacher Hof« sind die Angestellten gehalten, geräuschlos und perfekt für solide versteiftes Wohlleben zu sorgen. Für die nächsten Monate ist Udo ein eilfertiger Page in blaugoldener Livree. Er trägt Koffer, bedient den Lift und macht seinen Bückling. Die Verbeugung vor den feinen Damen und Herren bringt ihm propere Trinkgelder ein. Er versieht diesen Dienst lustlos und unauffällig. Alles kommt einer Groteske sehr nahe. »… Ich hab' die ganzen Schniegelaffen bedient, Frau Doktor Glattmann und Oberindustrialabsauger Ede Adelstolz …«

Nach Arbeitsschluß verschwindet er durch den Personalausgang in die Altstadt. Dort befindet sich hinter jeder Tür, durch die man geht, eine Kneipe. Auf wenigen tausend Quadratmetern sind Pinten, Restaurants, Beatschuppen und Jazzläden in unzählbarer Menge dicht beieinander. Udo trommelt sich aushilfsweise durch diverse Jazzbands, darf auch mal beim Gunter-Hampel-Jazz-Quintett die Stöcke in die Hand nehmen. Die Nächte mit Bier und Musik im »Jazz-Cap« oder im Modern-Jazz-Club »Oase« vergehen wie im Fluge — hier tobt das wahre Leben. Derweil avanciert Udo in seiner bürgerlichen Existenz vom Liftboy zum Hilfskellner. Jetzt kommt, was kommen muß. Ob die Geschichte in ihren Einzelheiten so passiert ist, weiß heute niemand mehr genau zu sagen. Udo beharrt darauf, vielleicht glaubt er es inzwischen sogar, vielleicht war es aber auch wirklich so, wie er es öfter geschildert hat.

Gleichwohl ist man bereit, diesen absurden Slapstick als wahr anzunehmen, denn es klingt gut: »… Im ›Jazz-Cap‹ spielte 'ne Band … Eines Tages fragten sie mich, ob ich denn nicht fest mit ihnen spielen wollte, weil sie Streß mit ihrem Trommler hätten. Und ich sag', es gibt Antworten, die keiner Frage bedürfen, und ich wär' sofort dabei. Nun hieß es, auf die Schnelle den Kellnerjob loswerden, ohne daß ich meinerseits die Kündigung aussprach. Wegen möglicher Konventionalstrafe mußte ich sicherstellen, daß die mir kündigten, und zwar im Eilverfahren. Also sind mir plötzlich als Dr. Holterdistolper die Naffelkaraffen und wertvollsten Kristallgläser, die von der Firma ›Mit dem Munde geblasen und endlos teuer‹ aus Versehen vom Tablett gerutscht. Beim Flambieren hab' ich es dann auch noch hingekriegt, daß

die Dame — und nicht das Fondue — in Flammen stand und die Soße über das Knie des Freiers flutschte. Das brachte mich sofort an das Ziel meiner Wünsche, nämlich Rausschmiß ohne Vertragsstrafe. Ich atmete durch, und dann nichts wie hin in die Jazzkneipe, wo meine neue Band auftrat, und dort hingen sie alle und tranken einen oder auch zwei mit ihrem alten Drummer. Totaler Schock! Sie hatten sich gerade wieder mit ihm versöhnt und brauchten mich nicht mehr ...«

Jahre danach rauscht Udo L. noch einmal in den »Breidenbacher Hof«. Diesmal kommt er durch den Vordereingang, den Ruhm im Rücken und das potente Scheckheft in der Tasche. Lindenberg als Gast? Im Hotel winkt man indigniert ab. Ein Popstar und ehemaliger Angestellter – das verträgt sich nicht mit dem hohen Anspruch des Hauses. Ob ihn die Maulschelle wurmt, teilt er bei keiner Gelegenheit mit. Das höfliche »Nein« deutet auf die Grenzen des Aufstiegs. Mit diesen Grenzen hat Udo Lindenberg so seine Schwierigkeiten. Hinter dem selbstbewußten Abtun kann man die verletzte Eitelkeit nur vermuten.

Keine Band, keinen Job – aber die Katastrophe ist noch nicht komplett. In seinem Zimmer zündet er einen mißlungenen Liebesbrief an und wirft ihn achtlos in den Papierkorb. Die Gardine fängt Feuer ..., und er ist auch noch seine Wohnung los. Die Episode Düsseldorf ist damit beendet. Durch Vermittlung landet er bei einer holländischen Band, den Mister Adam's Jazzopaters, und tingelt kreuz und quer durchs Land. Mehr, um die Eltern zu beruhigen, belegt er am Duisburger Konservatorium einen Jazzkurs. »... Außerdem habe ich mich auch in der sinfonischen Abteilung herumgetrieben. Große Pauken, kleine Trommeln, Triangel, pingeling und stockhausenmäßiges Papiertütengeraschel. Alles, was intelligenten Krach macht ...«

Udos Interesse am Studium ist sehr gebremst, und er ist nur lustlos bei der Sache, außerdem sind die Jazzopaters viel unterwegs. Nach einem Jahr läutet das Konservatorium zum Finale und setzt ihm den Stuhl vor die Tür. »... Ich dachte, gehst mal zur Musikhochschule Münster, da kennen die dich noch nich! ...« Diesmal nimmt er das Studium erst gar nicht auf, denn er bekommt das unerwartete Angebot, mit einer wild zusammengewürfelten Band für ein Jahr über Frankreich nach Nordafrika zu gehen. 17 Jahre ist er alt, als er in Libyen ankommt. Die USA betreiben bei Tripolis eine Luftwaffenbasis, und die Band ist für die Unterhaltung der Soldaten zuständig. Es wird gespielt, was das Zeug hält – Jazz, Rock und Tagesschlager. 200 Dollar Monatsgage, und montags ist frei. Das kaputte Milieu, das an Hellers »IKS-Haken« erinnert, und der gigantische Whiskykonsum bringen ihn körperlich und psychisch auf den Nullpunkt. Völlig zerrüttet taucht er wieder in Gronau auf. Ein Fall für den Nervenarzt und Mutter Hermines Pflege. Die böse Kollision mit dem Whisky ist nicht seine letzte. Bruder Erich erinnert sich: »... Die Ami-Clubs ... haben **27** ihn so ängstlich gemacht, daß er sich abends in Gronau nicht allein bis zur nächsten Straßenecke getraut hat. Seine Nerven waren restlos ruiniert ...«

Im Lied »Lady Whisky« heißt es dazu:

Und er war der blaue Engel
und er goß sich einen rein
diese Welt kann doch trotzdem
so unbeschreiblich schön sein!
Und mit der hochprozentigen Braut
wurde er bekannt
die er wahnsinnig berauschend
und am nächsten Morgen zum Kotzen fand

Lady Whisky, sie hat so schöne braune Augen
– brauchst nur auszusaugen

All die Jahre hindurch, wenn er traurig war
war sie immer für ihn da
wenn die Welt so höllisch
und der Himmel verschlossen
und der liebe Gott mal wieder auf fernen Reisen war
aber auch, wenn es ihm gutging
sie war immer dabei
und gab ihm ihre nassen, scharfen Küsse
und die Sonne ging auf, und sein Kopf ging unter
und langsam ertrank er in der Alkohol-Pfütze
und dann ganz tief in der Grütze
merkte er: Die bringt mich ja um
sie hat mich belogen und betrogen!

Nein, ich bin nicht mehr dein blauer Engel
ich will mich von dir befreien
daß du mich beinah gekillt hast
das werde ich dir nie verzeihen!

Ich guck' morgens in den Spiegel
meine Augen stumpf und rot
Lady Whisky, du falsche Schlange
du sprichst vom Leben
und machst mich langsam tot

Ab 1964 studiert Udo nun doch am Konservatorium in Münster. Über das Vorbereitungsseminar ist er nie hinausgekommen. Nur nachzuspielen, was andere bereits aufgeschrieben haben, die Theorie und die sture Enge des vermittelten Stoffes gehen ihm gegen den Strich. Locker leben, nächtelang in Kneipen rumhängen und mit Leuten quatschen, das ziellose Suchen nach einem Sinn, nach dem eigenen Weg, gefallen ihm entschieden besser. Morgens sitzt er in der Schulbank – aber ohne Kopf. Eines schönen Tages macht der Direktor des Konservatoriums dem Spuk ein Ende. Die Hauptbeschäftigung Udos in diesen Jahren sind die MUSTANGS. Die Band spielt sich durchs Münsteraner Land – eben die üblichen Clubgeschäfte. »She loves you, yeah, yeah, yeah«. Die BEATLES gehen auch in Münster um. Chubby Checker und die LORDS, die Hitparade immer hoch und runter, das ist die Musik der MUSTANGS. Eine tolle Zeit – einfach drauflos gelebt.

Die schwärmerische Vorliebe der Mädchen für die verrückten Musiker schmeckt dem Trommler mit der großen Nase sehr. Mit Monika gibt's noch eine Verlobung, dann kommt Christa und so weiter und so fort, als hätte er sich und anderen etwas zu beweisen.

Udo vertut seine Zeit in Münster. Dieses unentschlossene Rumsitzen dauert bis 1968. Nachts wird getrommelt und gesoffen, tagsüber sitzt er am Aasee und in Cafés. Unterm Arm trägt er ein paar Bücher von Kafka und Nietzsche, die Welt soll verändert werden – aber wie, weiß er auch nicht. Viele Kilometer legt er nicht zurück in diesen Jahren, die tastende Reise geht nach innen. Udo ist hin- und hergerissen zwischen einer sicheren beruflichen Existenz und der riskanten Musikerlaufbahn. Es wird viel gesponnen: Journalist könnte man werden oder Lehrer, vielleicht sollte man Medizin studieren: »... weil ich immer so krank war. Ich hatte ständig einen Kater und fühlte mich zum Kotzen. Fand ich äußerst unpraktisch.« Die Zeit zwischen seinem 17. und 22. Lebensjahr ist fast eine Dauerkrise. Suchen und nicht wissen wohin, narkotisierende Angst vor der eigenen Courage und der lähmende Suff bilden das Bermuda-Dreieck. Die Situation ist nur noch mit Alkohol auszuhalten, und der Alkohol produziert diese Situation immer wieder aufs neue. Der typische Teufelskreis einer Trinkerkarriere. Auf keinen Fall will er lebenslänglich in weißen Hosen in einer Tanzkapelle trommeln. Was Eigenes müßte man machen, und das läuft bei den MUSTANGS auch nicht. Vielleicht knallt's im Kopf, und der ganz große Hit ist da? Udo macht ein paar eigene Musiken und Texte, aber die will niemand haben. Das Ergebnis dieser schwunglosen Bemühungen kann auch nicht sehr berühmt gewesen sein. Das zermürbende Rumhängen wird gestoppt durch einen Eingriff von außen: Udo Lindenberg muß als Kanonier einer Artillerieeinheit der Bundeswehr nach Hamminkeln bei Wesel einrücken. Die Sinnlosigkeit, der Kommißgeist und die Vorstellung, mit einer Waffe auf Menschen schießen zu müssen, bleiben nicht ohne Folgen auf die ohnehin schon labile nervliche Verfassung. Udo bekommt einen Nervenzusammenbruch und wird nach vier Monaten im August 1968 aus der Bundeswehr entlassen. Wie hoch bei dem Kollaps die schauspielerische Eigenleistung war, ist heute nicht mehr festzustellen. Sicher würde sich Udo gern als Erbe des braven Soldaten Schweijk und von Felix Krull sehen, diesen beiden genialen Bluffern. Mag sein, daß er mit dem vorhandenen Spielmaterial geschickt umgegangen ist. Dabei kam ihm wahrscheinlich zugute, daß ein Typ wie er nicht so recht in die Vorstellungswelt der Bundeswehr gepaßt haben dürfte. Armee und Lazarett haben ihm eine Trinkerpause verschafft, ohne diese Dunstglocke läßt sich genauer nachdenken. Zügig aus dem Münsterländischen zu verschwinden lautet das Resultat. Um sich für den Abgang ein bißchen Kleingeld zu verdienen, zieht er noch einmal für zwei Monate eine Kellnerjacke an, arbeitet in der Art von Lokal, wo man Humpen und Alpenjodler bevorzugt, und sein Anzug ist ein grünes Trachtenjäckchen. Nach Hamburg zieht es ihn …

Einer der alten Kumpels aus Münster ist der Bassist Steffi Stephan, nur daß der damals bei den MUSTANGS noch Gitarre spielte. Steffi ist einer der wenigen Freunde von damals, die man heute noch an Udos Seite findet.

Steffi Stephan ——————————————————————

Man kann solche Zeiten, also die Sechziger und die Gründerjahre des PANIKORCHESTERS nicht zurückholen. Wichtig ist, in welcher Situation du dich momentan befindest, aber natürlich bist du geprägt von deiner Vergangenheit. Die Lage war ja damals eine andere. Es war praktisch nichts Eigenes da; wir konnten von vorn anfangen und etwas aufbauen. Der Hintergrund war ein völlig anderer als heute. Du fühlst dich freier, wenn du alles vor dir hast und nicht hinter dir. Für mich steht die Frage, wie man sich diese Kraft von damals möglichst erhält. Die Spontanität muß bleiben, selbst wenn du dir mehr und mehr fundiertes Wissen aneignest. Natürlich besteht die Gefahr der Routine. Andererseits ist die sichere Beherrschung des Instruments auch Routine, und hier ist sie unheimlich wichtig. Als wir die Sache mit dem PANIKORCHESTER anfingen, hatte das Ding etwas Magisches. Diese Magie wuchs aus dem Selbstbewußtsein – ein Selbstbewußtsein, das überhaupt nicht fundiert war. Hoppla, jetzt kommen wir. Es ging ziemlich chaotisch zu. Wir experimentierten einfach drauflos. An kühler Überlegung steckte viel weniger dahinter, als man später hätte glauben können. Improvisation statt Organisation. Über diesen Zustand sind wir heute natürlich weit hinaus.

Die politische Dimension ist eher durch Zufall dazugekommen. Ich hatte damals nebenbei noch das Projekt mit den Gebrüdern Engel. Die spielten einen Song, der hieß »Sie fangen wieder an«. Eine Nummer gegen Neonazismus. Und dann hab' ich von dem Festival »Rock gegen Rechts« gehört und gedacht – das ist ja gerade unser zentrales Thema. Aber die Veranstalter wollten uns nur spielen lassen, wenn auch Udo mit dem Panikorchester kommt. Ich hab' Udo also gesagt: »Da gibt es so 'n Festival, und wir müssen alle Farbe bekennen. Es geht nicht um irgendeine Partei, sondern um Grundsätzliches.« Udo hatte damals noch Probleme, sich ganz klar zu äußern. Er hatte sich damit einfach noch nicht auseinandergesetzt. Und wenn sich Udo mit irgend etwas nicht befaßt hat, dann reißt er das Maul auch nicht auf. Und Udo reißt das Maul ja sehr gerne auf. Also mußte er sich erstmal damit beschäftigen. Das war Ende der siebziger Jahre.

Welche Aussichten das Unternehmen Udo L. in den nächsten Jahren hat? Ich weiß, daß seine Kreativität nicht zu Ende geht. Dieses Suchen und diesen Willen spüre ich. Dieser Wunsch nach dem Experiment ist immer noch da. Es ist klar, daß er zwangsläufig danach guckt, Erfolg haben zu müssen. Daß er Erfolg haben will, versteht sich von selbst. Hinter diesem Erfolgsdruck stecken natürlich auch die Interessen der Industrie. Die grundsätzliche Bereitschaft, ganz andere Wege zu gehen, und seine Kreativität sind da, auch wenn mal ein schlechter Wurf dabei ist. Diese Wege sind vielleicht wesentlich schwerer und risikoreicher.

Udo kennt die Fairneß des Berufsethos' nicht. Er sagt nie: »Das ist auch ein Musikerkollege«, sondern sagt immer: »Das ist Müll.« Diese harte Kritik, die niemanden schont, hat auch etwas für sich. Er hat ungeheuer viel erreicht, nicht nur für sich, sondern für die ganze Szene. Ich meine den starken Einfluß auf die gesamte Entwicklung. Leider war es so, daß wir am Anfang eine große Tür aufgestoßen haben, aber nach uns schlug die Tür wieder zu. Jede Plattenfirma wollte auf einmal ihren »Udo« haben, und die Bands, die unmittelbar danach kamen und andere Wege gehen wollten, mußten sich alle an ihm messen lassen. Das war unheimlich problematisch. Trotzdem war er Motor für ein ganz bestimmtes Bewußtsein. Die Hitparaden und die deutsche Sprache gehörten nicht mehr nur den Schlagertypen.

»Andrea Doria« ist Vergangenheit. Wir könnten ja heute selber bald als Rentnerband bei »Onkel Pö« spielen. Wir sollten 'ne neue Band aufmachen: »Renovierte Altbauten«.

(Aus einem Gespräch mit dem Autor)

- 1960: Nukleares Potential der UdSSR und der USA wird auf 30 Milliarden Tonnen TNT geschätzt.
- 1961: Errichtung der Mauer.
- 1962: Kuba-Krise bedroht den Weltfrieden.
- 1963: Willy Brandt wird als Regierender Bürgermeister von Westberlin von der CDU an einem Gespräch mit Chrustschow in Ostberlin gehindert, Versuche eines Dialoges zwischen BRD/DDR bleiben im Ansatz stecken, da beide Seiten auf ihren Positionen beharren und die Zugehörigkeit zur jeweiligen Gesellschaftsordnung und zum jeweiligen Bündnis Priorität hat.
- 1966: Willy Brandt spricht als SPD-Vorsitzender von einem »geordneten Nebeneinander« beider deutscher Staaten.
- 1967: FDP schlägt Anerkennung der DDR und der Oder-Neiße-Grenze vor.
- 1968: Verabschiedung der Notstandsgesetze;
  Höhepunkt der sich ab 1966 formierenden Studentenbewegung, deren Themen der Vietnam-Krieg, die Springer-Presse und die geplante Einschränkung demokratischer Grundrechte durch die Notstandsgesetze sind.
- 1969: Willy Brandt leitet als Bundeskanzler die Wende in der Politik gegenüber den sozialistischen Ländern ein.

Demonstrationen gegen den Vietnam-Krieg und die Bürgerrechtsbewegung der Schwarzen in den USA führen zur Politisierung des jugendlichen Protestpotentials.

Die Rockmusik ist die dominante Ausdrucksform der Jugendbewegung. Der Beat strahlt Anfang der sechziger Jahre von Großbritannien auch nach Kontinentaleuropa aus. Die neuen Helden stammen in der Regel aus bürgerlichem Milieu, ihre Erfahrung und ihre künstlerische Wertung ist geprägt von den britischen Kunstschulen. Sie beginnen, den pur treibenden Beat zu entfernten musikalischen Horizonten hin zu weiten. Rockmusik wird zum Mittel der Bewußtseinsbildung. In ihr lebt sich die Vorstellung einer neuen Individualität aus. Kreativität, Kommunikation und Antikommerzialität sind die formulierten Ansprüche. Die Orientierungslosigkeit der Plattenfirmen schafft den nötigen Raum für eine freie Entfaltung. Gespeist vom Folk- und Protestsong entwickeln sich in den USA neue Impulse. Die progressive Rockmusik lebt in dem Bewußtsein, daß Kunst die Welt verändern kann und muß. Hier indessen stößt sie an eine Grenze. Peter Wicke zitiert den Präsidenten von Electra Records, Jac Holzman, mit der Bemerkung: »Ich will hier einmal klarstellen, daß Electra nicht der nützliche Idiot irgendeiner Revolution ist. Wir meinen, daß die Revolution durch Poesie gewonnen wird, nicht durch Politik –, daß Poeten die Struktur der Welt verändern werden. Die jungen Leute haben diese Botschaft begriffen, und sie haben sie auf der bestmöglichen Ebene begriffen.« (P. Wicke, Rockmusik) Gleich, ob die Rockmusik nach außereuropäischen Kulturen greift oder sich auf den elektronisch-synthetischen Selbstfindungstrip nach innen begibt, sie bleibt Sinnträger einer bestimmten Haltung, die Wicke so zusammenfaßt: »Im Selbstverständnis der Rockmusiker dominierte die Vorstellung, Musik sei das unmittelbare Ergebnis ihrer besonderen individuellen Subjektivität und Emotionalität, eine kreative Offenbarung der inneren psychischen Wesenskräfte des Menschen, die freizusetzen zugleich von den Deformationen und Frustrationen befreie, die die Zwänge des Alltags hinterlassen haben.« (P. Wicke, Rockmusik)

Die Mutmaßung einer Selbstbefreiung im Vorfeld einer Befreiung der Gesellschaft wird zusätzlich von dem kollektiven Erlebnis der Massenfestivals mitgetragen. Aus der Distanz des Jahres 1977 urteilt Siegfried Borris kritisch rückblickend: »Der Aufstand der Massen Jugendlicher hat stattgefunden, ist Geschichte geworden, ein Kapitel der sechziger Jahre: der Emotionssturm beim Erscheinen der BEATLES und der ROLLING STONES (400 000 DM Sachschaden beim ersten Auftreten in Berlin 1965), das Massenerlebnis des Pop-Festivals in Monterey 1968 und die Suggestionen und Ekstasen bei dem mehrtägigen Rock-Symposium in Woodstock 1969 mit seiner Verbrüderungseuphorie und dem gegenseitigen Sich-Hochpeitschen von den Darbietenden und den Exaltierten. Der Drang nach solchen Freiräumen zum hemmungslosen Eintauchen in die Magie des Klanges und die Verzückung durch Drogen hat seine Erfüllung gefunden.« (S. Borris, Pop-Musik)

Und weiter: »In dieser Art des Pop kam ein kritisch-provokanter Zug zur Geltung. Motive waren soziales Engagement, z. B. hinsichtlich der Zwangsneurosen, der Zukunftsangst und der Ratlosigkeit der jungen Menschen (›was kann ein armer Junge tun, als in einer Rock 'n' Roll-Band zu spielen‹), oder politische Parteinahme. Solche Themen veränderten den Charakter der Darbietungen nicht nur inhaltlich, sondern auch formal.« (S. Borris) Nach dem ästhetischen Selbstverständnis der Musiker wird Rock zunehmend als Gesamtkunstwerk aufgefaßt. Sound, Licht, Bühnenbild, theatralische Details usw. sollen ein komplexes sinnliches Erlebnis ermöglichen. Das setzt sich konsequent in der Berührung und Einbindung anderer Künste fort, kurzum – im Zusammenwirken von Musik, Malerei, Fotografie, Literatur. In der Folge dessen ergibt sich eine säkularisierende Wirkung auch für Werbung und Design. Der Begriff »Pop« bekommt eine ganz andere Dimension. In den sechziger Jahren hat die Musikkritik in der Rubrizierung von Rock und Pop noch anders gelagerte Vorstellungen als heute. Rock bedeutet immer Kreativität, Antikommerzialität und progressiven Anspruch. Popmusik wird als das Gegenteil all dessen verstanden.

In der zweiten Hälfte der sechziger Jahre beginnt sich in der Bundesrepublik eine Musikszene herauszubilden, die sich von den englischen und amerikanischen Vorbildern lösen möchte und eigene Wege geht. Diese Bands werden unter dem hämischen Begriff »Krautrock« zusammengefaßt. Gemeinsam hatten diese Gruppen ein über das Arsenal einer gewöhnlichen Rockband hinausgehendes Instrumentarium und den Hang zur Improvisation.

AMON DÜÜL I, II, POPOL VUH, GURU GURU, AGITATION, ASH RA TEMPEL, TANGERINE DREAM heißen sie und bevorzugen religiöse und meditative Sehweisen. Der Rationalität des Alltags wird eine Absage erteilt. Es geht um »Über- oder Außenrealitäten« (Edgar Froese).

Der Anspruch an die eigene Musik zeigt die geistigen Parallelen zu den amerikanischen Vorbildern. ASH RA TEMPEL sagt: »Unsere Musik soll ein Katalysator sein zum Erkennen des Ichs, der Zusammenhänge des Lebens, eine Hilfe zur Bewußtwerdung. Wir versuchen, den Hörer in die tiefsten Bewußtseinsbereiche, in eine unendliche Schönheit und Reinheit aus totaler Ruhe ohne Zeit und Raum zu versenken, mit dem wir kommunizieren, um seine Seele zu befreien für das Schönste aller Erlebnisse, die Unendlichkeit, den eigenen Kosmos zu erleben.« (E. Froese in »Phänomene der Rockmusik«, herausgegeben von L. v. Braha)

Diesem Emanzipationsversuch von innen geht auch in der Bundesrepublik die Beatwelle voraus. Sie trifft, wie schon der Rock 'n' Roll in den fünfziger Jahren, mit Verspätung ein. Es entstehen unzählige Schülerbands, und an der Spitze des Eisberges findet man zwei Namen: THE RATTLES und die LORDS. Wie die vielen namenlosen Gruppen imitieren auch sie den britischen Beat, nur mit erheblich mehr Erfolg. Dieser Erfolg ist verknüpft mit dem legendären Hamburger »Star-Club«. Die RATTLES werden 1962 im neueröffneten »Star-Club« beste Beatband und bleiben eine Art Hauskapelle. Den gleichen Einstieg schaffen die LORDS 1964. Keiner, der in der Branche etwas werden will, kann um den »Star-Club« einen Bogen machen. Er ist das Sprungbrett für viele Karrieren. Ray Charles, Little Richard, Jerry Lee Lewis, THE SEARCHERS, THE BEATLES ... treten hier auf. Aber bis die bundesdeutsche Rockszene wirklich flügge wird, vergehen noch ein paar Jahre. Erst ab ca. 1968 kann man eine Eigenentwicklung beobachten.

Reeperbahn

Reeperbahn
wo früher mal der große Star-Club war
und das Top-Ten mit all den wirklich starken Bands
jeden Abend war ich da
und war einer der ersten Beatles-Fans

Nach der Show ging ich mit Ringo zu den Damen
sie trugen Negligés und kauften uns Pommes frites
und Ringo brachte manchen losen Witz
aus Liverpool – very cool

Reeperbahn
wenn ich dich heute so anseh'
Kulisse für 'n Film, der nicht mehr läuft
ich sag' dir, das tut weh

Und dann die Jungs aus Buxtehude
und aus Lüneburg
die machten Freitag nacht
bis Sonntag morgen durch
sie schluckten jede Menge Schnaps und Trips
für ihre Flips von der wilden Welt

Reeperbahn
wenn ich dich heute so anseh'
die Abende sind teuer
doch es gibt keine Abenteuer

An jeder Ecke roch's nach Hafen
und nach Rock 'n' Roll
bei jedem Trödler gab's für 120 Mark
die Original-Gitarre von Cliff Richard
das war stark
und jeder Musiker erzählte seinem Groupie:
Du wirst es sehn – ich werd' ein weltberühmter Star
doch heute legt er in 'ner Disco Platten auf
und sie macht Striptease
in einer Nepper-Bar

Reeperbahn …

Die stürmische Beat-City Hamburg segelt Ende 1968 gerade durch eine Musikflaute, die ein paar Jahre dauern soll. Die wilden Zeiten im »Star-Club« oder im »Top Ten« sind bereits Vergangenheit. In St. Pauli spielt man wieder Jazz in allen seinen Derivaten, hie und da ein bißchen Folklore. Am 13. Dezember 1968 trifft Udo L. in Hamburg ein. Daß er nach Kopenhagen will, ist bald vergessen, er bleibt in Hamburg hängen. Immer noch unentschieden zwischen Musikerkarriere und anderen Jobs deponiert er sein Schlagzeug sicherheitshalber in der Gepäckaufbewahrung des Münsteraner Hauptbahnhofes. Aber er wird es bald brauchen. Zunächst schlendert er durch die feine Mönckebergstraße. Die verdutzten Passanten lesen, was er mit Filzstift auf seinen Mantel geschrieben hat: »Alle Menschen werden Brüder – auch ich bin dein Freund, sprich mich an.« »... Mich beseelte der Gedanke, daß alle Menschen weltweit friedensbetont zueinander finden ... Na ja, ich hab' halt gedacht, Utopien sind zum Vorverlegen da. Ich hatte ... damals so Visionen von Menschenketten rund um den Globus rum. Hand in Hand für den Weltfrieden ...«

Die politischen Fragen der sechziger Jahre berühren ihn nur am Rande. »Ja, ja, ich war in der Hinsicht ziemlich enthaltsam. Das lag wahrscheinlich daran: Wir haben ständig gespielt. Wir haben vier-, fünfmal die Woche gespielt, an Wochenenden sowieso, und konnten selten weg. Ich hab' das alles verfolgt, hab' also ... diese Entwicklung mitgekriegt, aber nicht am Ort der Handlung. Also nicht Ostermarsch zum Beispiel, bin also nicht mit dabeigewesen.«

Weihnachten '68 trommelt er im »Blue Note«. Rainer Rubink, der selbst Banjo spielt und Udo mal beim Trampen aufgelesen hat, nimmt ihn mit in die Dixieland-Clique. Die Bands spielen alle nebenbei, und Udo zieht wochenlang von Tür zu Tür, um kurze Engagements abzustauben. Er sucht und findet ein professionelles Unternehmen in den CITY PREACHERS. Die Band spielt Folklore, aber zu dem Zeitpunkt, als Udo einsteigt, ist ihre Popularität schon kräftig am Verblassen. John O'Brian-Docker, der Kopf der Gruppe, steigt aus. Die CITY PREACHERS wechseln die Besetzung. Man spielt noch drei Monate im Kielwasser des einstigen kleinen Ruhms, und das Ende ist da. Die Ex-Stadtprediger Inga Rumpf, Jean-Jaques Kravetz und Karl-Heinz Schott gründen FRUMPY, und Udo sitzt wieder da. FRUMPY, getragen von der »schwarzen Röhre« Inga Rumpfs, hat den Erfolg, auf den Udo L. noch warten muß. Es werden noch ein paar Jahre vergehen, bis Jean-Jaques Kravetz bei den Panikern Keyboarder wird. Udo ernährt sich einstweilen als Haustrommler in »Jazz-House«. Dort gastiert die Jazz-Prominenz:

Dexter Gordon, Jimmy Smith, Brother Jack McDuff, Benny Bailey,

Friedrich Gulda, Attila Zoller. Er wird Mitglied im Michael-Naura-Quartett und trommelt für Knut Kiesewetter. Zwischendurch gründet er ein eigenes Unternehmen, das sich Free Orbit nennt. Irgend jemand gibt das Geld für Studioproduktionen und finanziert eine Bruchlandung. Die Bänder werden nie veröffentlicht.

Das passiert im Frühjahr 1970.

Udo trödelt durch die Hafenkneipen, »... mit dem einen Auge auf der Bommerlunderflasche, mit dem anderen dann aber doch immer wieder über die Elbe, den hinausfahrenden Schiffen hinterher ... Mit dem Hafen, dem Meer und den Matrosen hab' ich irgendwas im Blut. Richtig erklären kann ich meine Liebe zur Seefahrt nicht ... Es schoß mir durch den Kopf: Vielleicht doch Seemann? Die Seefahrt hat bei mir immer eine große Rolle gespielt, deswegen handeln natürlich auch viele meiner Songs von der See, dem Meer und dem Brausewind ... Heute würde ich mich als Rocker auf ewiger Seefahrt bezeichnen, denn durch meine Musik kompensiere ich vieles von dem, was an Seefahrerträumen in mir lebt ... Wie könnte ich meine Verbundenheit mit der See, dem Meer, den Experten auf den Halligen und den Lustigvögeln auf den Inseln hinter dem Winde besser ausdrücken ...«

Nichts haut einen Seemann um

Die Boote sind noch draußen
die Kneipe ist noch leer
außer mir nur der alte Käpt'n
der ist immer hier
der fährt nicht mehr
der sitzt hier jeden Nachmittag und prüft den Rum
doch nach dem dritten Glas schon singt er leise:
Nichts haut einen Seemann um!

... ihn doch
und er träumt von seinen guten Tagen
da konnt' er zehnmal mehr vertragen

Überm Tresen hängen Ansichtskarten
die hat er mal geschickt
und er denkt an die Japanerin
die war so schön verrückt
ja, damals war er noch ein schneller Junge
das Leben war lebenswert
doch was bleibt einem Seemann, der nicht mehr fährt?

Die Boote sind im Hafen
die Männer kommen gleich
der Käpt'n wankt nach Hause
er schleppt sich übern Deich
er will nicht, daß die andern sagen:
Der kann ja wirklich nicht mehr viel vertragen
und nun singt er sein Lied
in den stürmischen Wind

Das größte Ei des deutschen Pophuhns _____

Seit dem abrupten Ende seiner Düsseldorfer Kellnerkarriere trommelt sich Udo Jahr für Jahr unentschlossen durch unzählige Clubs und Bands. Das tun außer ihm noch tausend andere, und alle haben den gleichen Traum vom schnellen Geld und dauerndem Ruhm. Den glücklichen Aufstieg aus dem Heer der Begabten und Talentlosen werden nur wenige schaffen.

Im Fadenkreuz von Ort und Zeit das Richtige mit den richtigen Leuten im richtigen Moment tun, besessen von einer Idee und mit außerordentlicher Willenskraft. Clever sein, schneller sein, härter sein. Durch den Dunst der Kneipe sehen sie es alle klar vor sich: Ich bin berufen von den Göttern des Rock-Olymps. Die Vision macht sie rastlos. Alle wissen, wo sie ankommen wollen, aber der Weg dahin liegt im dunkeln. Sie ahnen, daß sie in der Ebene kriechen, daß das Terrain keine Steigung hat. Aufhören oder weitermachen? Die Existenz verkrümmt sich zum dauernden Fragezeichen. Die Musik frißt ihre faszinierten Jünger mit Haut und Haaren. Sie wollen dieses Leben der verheißenen Unabhängigkeit und tasten sich durch das Labyrinth zwischen Euphorie und Depression. Sie spielen ihre Musik, schlucken ihr Bier, lieben ihre Mädchen und treiben im Strudel, bis sie unmerklich eingeholt werden vom Trott, vom Gewöhnlichen, von der Routine — schlicht, vom zermürbenden Alltag. Wovor sie einst schreiend weggelaufen waren, das droht, sich auch in ihrer Nische breitzumachen.

Udo saugt die Erlebnisse dieser Jahre auf wie ein Schwamm. Das ist ein Akt der passiven Aneignung und Ausformung. Die Umstände machen ihn, nicht er die Umstände. Es ist wie eine ziellose Irrfahrt, noch hat er die Dinge nicht in der eigenen Hand. Aber auf den Jahren der fast endlosen Ebene wurzeln die dauerhaftesten Karrieren. Die Ochsentour ist eine gute Schule. Bei aller Unentschlossenheit hat Udo L. doch die nötige Ausdauer bewiesen. Das lohnt ihm das Schicksal durch die Begegnung mit einem Mann, von dem er ein paar Dinge lernen soll, die für die schemenhaft ins Auge gefaßte Popkarriere entschieden hilfreich sind: 1970 hört ihn Klaus Doldinger im »Jazz-House« und nimmt ihn in sein Quartett, denn er hat gerade Bedarf. Der gewiefte Doldinger ist nicht nur ein exzellenter Musiker (Sopransaxophon, Tenorsaxophon, Keyboards, Flöte, Klarinette), er hat auch einen ausgeprägten Sinn fürs Geschäft und für neue Trends. Rock-Jazz à la CHICAGO und BLOOD, SWEAT AND TEARS hat gerade Konjunktur beim Publikum, und Klaus Doldinger möchte im Zug ein bißchen mitfahren. Daran scheiden sich die Geister in seiner Gruppe, und Klaus Doldinger entläßt die puristischen Propheten des Jazz kurzerhand, formiert erst MOTHERHOOD und dann PASSPORT. Auf dem ersten Album »Passport« kann man lesen: Udo Lindenberg, Drums.

Klaus Doldinger ist in seinen Unternehmungen sehr rührig: Werbespots, Tagesschlager, Musik fürs Fernsehen. Seinen Begriff von Unterhaltung faßt er sehr weit. Doldinger hat keine Schwierigkeiten, den Bogen zwischen Kunst mit hohem Anspruch und den niederen Fleischtöpfen zu schlagen. Das macht ihn für einige Leute verdächtig, zumal er dabei sehr erfolgreich ist. »Der Doldinger war damals natürlich so eine Art Papst. Viele mögen ihn zwar nicht so sehr. Viele halten ihn auch für 'n bißchen weit weg. Aber ich find Doldinger gut. Ich schätze ihn als Musiker sehr. Er ist 'n korrekter Arbeiter. Das heißt: Produktionen macht er unheimlich sorgfältig. Arbeitet viel auch mit jungen Typen zusammen und ist ziemlich offen. Ich hab' zum Beispiel, grad was Produzieren betrifft, 'ne Menge von ihm gelernt und bin ihm dafür dankbar.« Der Papst residiert in München, und Udo zieht um. Er bewohnt ein kleines Zimmer in Schwabing, gleich über dem Jazz-Club »domicile«. Das »domicile« ist Udos Domizil, wenn bei Doldinger mal nichts zu tun ist. Aber Klaus Doldinger hat immer reichlich Arbeit, und nebenher existiert auch noch das Bandprojekt EMERGENCY.

Bei PASSPORT lernt Udo den Saxophonisten Olaf Kübler kennen, der seinem Namen alle Ehre macht — mit Kirschwasser. Wenn er davon einiges »drin« hat, läuft er zur Höchstform auf. »Nur keine Panik, Leute«, sagt er vor jedem Auftritt, er ist »abgetörnt« und »ausgeröntgt«, redet über »Grethe Weiser am Synthesizer« und hat manchmal »den Kopf amputiert«. Olaf kennt ein ganzes Arsenal solcher Sprüche — und Udo ist ein guter Zuhörer. Ende der siebziger Jahre wird Olaf Kübler vor Gericht ziehen, weil er nicht einsehen will, daß Udo mit seinen Kreationen allein absahnt. »Es kam nicht zum Prozeß, sondern es war eine anwaltliche Auseinandersetzung. Kübler war der Ansicht, er hätte sich die meisten von den frühen guten Sprüchen ausgedacht. Wir haben uns dann zusammengesetzt und gedacht, wir machen das mal ohne Anwälte. Wir haben uns geeinigt, und ich habe ihm Kohle gegeben für inspirative Mitarbeit. Also für Mithilfe an Texten, denn er hat zweifellos mitgeholfen.«

Und weiter: »Damals wurde er für mich so eine Art größerer Bruder und bester Freund. In der Band waren die Jungs alle schon ein paar Tage älter als ich. Richtig gute Musiker. Zum ersten Mal spielte ich in einer ganz konsequenten großen Band, die bereits voll im Business drin war ... Hier war ich in einem Kreis von Musikalartisten, die bereits ihren Härtepreis bezahlt hatten und zur Oberliga der deutschen Jazz-Elite gehörten. Neben Olaf Kübler, dem Saxophonisten, war mein Vorgänger in dieser Passport-Band Klaus Weiß am Schlagzeug, Paul Vincent spielte Gitarre, Jimmy Jackson Keyboards, Lothar Meid Baß und Andy Marx an der Gitarre, nebst Klaus Doldinger, der sich als freischwebender Solo-Solist den Rücken auf der Bühne freihielt. Wenn wir von einem Gig zum anderen fuhren, saß ich meistens auf dem Rücksitz in Doldingers großem Daimler, voll die milde Fliege und immer ziemlich cool im background. Dabei kriegte ich alle Gespräche mit, die sich vorwiegend ums Musikbusiness drehten. Details über Projekte, Insider-Informationen vom Business, Lizenzabrechnungen, Plattenverträge und die Adressen von Rechtsanwälten und sonstigen Drahtziehern, die für einen Musiker wichtig waren ...«

Klaus Doldinger und Olaf Kübler, letzterer auch Produzent von Amon Düül II, haben viel zu besprechen. Udo L., heute noch stolz auf sein blendendes Gedächtnis, bekommt kostenlosen Nachhilfeunterricht in Branchenlatein, Geschäftsgeographie und Business-Arithmetik. 1979 registriert Kübler, immer noch erstaunt: »Wenn wir unterwegs waren ... und vorn im Auto über Subverlage und andere Copyrightsachen quatschten, hing der Udo immer wie tot hinten in den Polstern. Erst viel später habe ich mitgekriegt – der Junge hat jede Silbe von uns registriert.« (U. Hoppe, Udo Lindenberg).

Im Sommer 1971 ruft Hans O. Mertens (später Manager von Otto Waalkes) aus Hamburg an und hat ein neues Angebot für Udo. Da Ferien sind, findet sich ein freies Studio, und ein Verleger gibt das Geld für eine Produktion. Mit Steffi Stephan, Baß, und Andy Marx, Gitarre, wird die LP »Lindenberg« aufgenommen. Schlagzeuger Udo singt und spielt auch Klavier.

Udos erste LP ist ein Reinfall. »1200 verkaufte Platten, einschließlich Freiexemplaren für Tanten und sizilianische Neffen.« Die LP »Lindenberg« ist noch auf englisch getextet: »Zur Information muß man wissen, daß Anfang der siebziger Jahre der ganze ›Krautrock‹, der von Amon Düül II, Tangerine Dream, Inga Rumpf und Kraftwerk, vorwiegend in englischer Sprache ablief, denn der Wunsch aller hiesigen Gruppen war, über den Großen Teich ins Ausland zu kommen.«

Vorläufig ist Udo noch auf Doldingers Brötchen angewiesen, fährt immer hin und her zwischen Hamburg und München. Dann hat er Gelegenheit, das britische Business zu inspizieren: Er hat ein Angebot von

Inga Rumpf und tourt mit ATLANTIS einen Monat auf den britischen Inseln. Sie spielen als Vorband für PROCUL HARUM, TRAFFIC und Elkie Brooks, und Udo lernt einiges über die professionelle Abwicklung von Auftritten dazu.

Schon vorher, im November '72, ist die Zeit reif für den ersten Probeballon deutscher Zunge. »Daumen im Wind« heißt Udos zweite LP. Der Song »Hoch im Norden« wird Nummer eins in den lokalen norddeutschen Hitlisten, trotzdem bleibt die LP mit 7000 verkauften Exemplaren ein Ladenhüter. Emsig kümmert er sich um seine eigene Promotion: »… Jetzt will Udo konsequent nur noch deutsche Sachen machen — etwa noch vier Jahre. Denn mit 30 Jahren — wenn die erste Million beisammen ist — möchte er auf Weltreise gehen und im Busch eine Platte mit Negern aufnehmen. Nur unter einer Bedingung will Udo hierbleiben: ›Wenn das Volk mich ruft, werde ich auch Bundeskanzler!‹ …« (U. Hoppe, Udo Lindenberg)

Diese Notiz ist ein früher Vorgeschmack darauf, was sich alsbald an frecher Selbstdarstellung abspielen soll. Seine Plattenfirma »Telefunken«, die spätere »Teldec«, erkennt die offene Marktlücke und ist begeistert. Auch die Presse lobt teilweise, aber es hilft alles nichts — die Platte verkauft sich nicht. Deutlich zeichnen sich unterdessen die Konturen des einzuschlagenden Weges ab.

»… Und immer weiter ging es mit meinen deutschen Texten — obwohl, schwer war es schon. Weil — deutsch und Rockmusik, das galt damals als so was wie Feuer und Wasser. Aber im tiefsten Inneren wußte ich, daß es gehen würde … Ich hab mir gedacht, wenn ich die klaren Sachen rüberbringen will, dann muß ich das in der Sprache tun, die jeder genau eisenhart versteht und muß den konsequenten großen Koffer bauen … Bis zu diesem Zeitpunkt hatte ich überwiegend Jazz gespielt. Jede Art von Jazz: Free Jazz, Dixieland, Modern Jazz, die große Wundertüte Jazz. Es wurde mir klar, damit würde bald Schluß sein. Die Revolution in Sachen Deutschrock zu vollbringen würde meine ganze Kraft in Anspruch nehmen …«

Mit der LP »Daumen im Wind« ist ein Anfang gemacht. Sie ist die Basis für die Udo L.-Rezeptur aus Rockmusik und deutscher Sprache, die später so erfolgreich werden sollte. Zwar trifft sie mit ihrem Witz noch nicht genau ins Schwarze. Man spürt noch eine hemmende Unsicherheit, dennoch ist im Rückblick der Kurs erkennbar.

Als lärmender Hellseher schwört Udo schon bei der Veröffentlichung der LP »Lindenberg« das Rockvolk auf die Zukunft ein. Da es noch etwas dämmrig ist, pfeift er besonders laut: »… Diese LP ist sicherlich eines der größten Eier, die das deutsche Pop-Huhn je gelegt hat …« (U. Hoppe, Udo Lindenberg)

Jetzt ist die Stunde wirklich nah, und der Stern geht auf.

»Pö's Carnegie Hall« liegt in Hamburg-Eppendorf, Lehmweg 44. Herr im »Onkel Pö« oder in der »Karnickelhalle«,wie die Räucherkneipe auch heißt, ist Peter Marxen.

Seine Gäste sind Künstler und Studenten, die in Eppendorf wohnen. Das »Pö« hat einen Tresen, Sperrmüllmobilar und eine Bühne. Dort herrscht das aufgeheizte Klima eines angesagten Szene-Lokals. Das »Pö«, drapiert mit Existenzen von schillernd bis schräg, wird zum Brennpunkt für all jene, die das alsbaldige Ende der Flaute ahnen und die nahende Erneuerung deutlich vor sich sehen. Der Zigarettenqualm zeichnet Visionen des Aufbruchs an die Decke, und der Geist nervöser Kreativität geht um. Die Bühne des »Pö« brodelt wie eine Seifensiederei, aus der bunt schillernde Blasen und ein paar handfeste Karrieren wachsen. Das Podium wird zum Probierquadrat für den Ernstfall und zum fröhlichen Freistilring für gestandene Künstler, die gerade in der Stadt sind. Es spielen ATLANTIS, RANDIE PIE, OUGENWEIDE, Hannes Wader, Knut Kiesewetter, Gary Burton, McCoy Tyner, Ralph Towner, Otto Waalkes, Evelyn Künnecke, Al Jarreau, Chick Corea, Rory Gallagher, Freddy Quinn, Sonny Terry. Mittendrin unser Mann mit dem selbsterteilten Marschbefehl nach oben. »Ein herzliches Willkommen für alle Musikartisten und Chaosexperten. Vom Dixieland über die Zauberfiedel von Lonzo Westphal, Honky Tonky-Gottfried Böttger am Klavier, Karl Allaut, der Spacegitarrero. Spiel ohne Grenzen vom metaphysischen Dreizehneinhalbton-Be-Bop bis zu Brunos Salonband. Da ging ich jetzt dauernd hin und knüpfte wertvolle Kontakte. Ich saß verträumt an der Ecke und lutschte den Pineau-Cola weg. Ich hatte das Gefühl, das ›Onkel Pö‹ wird so 'ne Art Kreißsaal, 'ne Geburtsstätte, die absolute Brutstätte für den Hamburger Szenenwahnsinn, den wir bald entfachen würden. Am Tag saß ich immer in meinem Wohnklo in der Johnsallee und kritzelte auf meinen Manuskripten rum, und abends ging ich stets ins ›Pö‹ und diskutierte mit den geneigten literarischen und musikalischen Geheimräten noch mal kurz einen aus. Wir waren very sessionfröhlich. ›Bitte Platz und Anteil nehmen auf der Bühne – eine neue und rasante Fahrt.‹ Das war echt so 'n ›Melting pot‹, 'n richtiger Schmelztiegel, eine richtige panische Großküche für neue Musik. Es kamen immer mehr Durchblicker dahin, auch die Leute von den Plattenfirmen. Die waren ganz unruhig und faßten sich an die Halsschlagader und hatten das Gefühl: ›Hier steppt bald der Papst!‹

Im ›Pö‹ haben wir richtig gewohnt und sind oft gar nicht mehr nach Hause gegangen, gleich unterm Tisch gepennt. Und morgens wurden wir mit dem Putzlappen hinterm Ohr durchgeweckt, verkatert zwar, und dennoch merkte ich, daß der Maggiwürfel in meiner Tasche anfing zu leuchten. Es war wie ein Lichtfest. Ich wußte, hier ist das Zentrum, die Stätte der Tat.«

Die Plattenfirmen suchen Talente, und es wird wild drauflos produziert. Das Kind braucht einen Namen und heißt fortan Hamburger Szene. »Alles, was sich an der Gitarre gerade festhalten konnte, wurde ins Studio geschickt. Dann kam da dieser Stempel drauf; ›Hamburger Szene‹. Es wurde gehofft, im Zuge dieses Begriffs und dieses Mythos' was verkaufen zu können. Auch vom letzten Scheißdreck. Ich halte von diesem Begriff gar nichts! Ich finde das viel entscheidender, auch mit Musikern aus anderen Städten zusammenzukommen und gemeinsam was zu machen.«

Udo also sitzt im »Pö« und skizziert unentwegt Texte. Und jetzt erfüllt sich der Urknall aus Vater Gustavs Stammlokal — der Weg der tausend Kneipen und die Musikerlaufbahn haben hier ihren Schnittpunkt. Udo L. tut genau das Richtige vor dem Hintergrund lückenloser Kenntnisse. Innerhalb weniger Minuten — so die Berichte — kritzelt er auf Bierdeckel einen Text über das »Pö«. Er braucht nur um sich zu schauen und aufzuschreiben, was er sieht. Eine vertraute Szenerie, deren Teil und Sendbote er ist. Es mag für Zufall halten wer will, daß das »Pö« die Startrampe für die Rockrakete zu Ruhm und Bargeld ist und daß die Rakete mit einem Song über das »Pö« gezündet wird.

Durch Glück findet er das Startfenster, die Sterne stehen günstig. Der »Pö«-Song »Alles kar auf der Andrea Doria« macht Udo Lindenberg schlagartig populär, die gleichnamige LP verkauft sich 100 000mal (1973). »Als die Platte fertig war, war ich auch total fertig. Und als ich dann die endgültig gemischten Bänder abgehört hab', mußte ich plötzlich anfangen zu heulen wie ein Schloßhund. Das war ein Gefühl von ziemlicher Sicherheit, daß mit ›Andrea Doria‹ nun der Grundstein gelegt war für den endgültigen Durchbruch in eine glanzvolle Rattenkarriere.«

Der Absatz von Platten wird Udo Lindenbergs einträglichste Pfründe, denn: »... wenn ich heute ein recht wohlhabender Mann bin, dann hängt das mehr mit meinen Einkünften als GEMAgologe und Schallplattennachtigall zusammen als als Bühnenbrettspringer ...«

Die Diskographie belegt den Fleiß und den atemberaubenden Ausstoß an Produktionen. Über seine Art, am Studiomikrofon zu arbeiten, notiert er: »Wenn im Studio dann die Playbacks vorbereitet sind, der rote Teppich ausgelegt ist, der Kopfhörer kompatibel eingestellt und im sogenannten ›rough-mix‹ meine Lieblingsvioline bereits die korrespondierende Funktion einnimmt, schreite ich ans Mikrofon. Ich pflege stets sämtliche Gummis und Schallschutzdämpfer vom Mikrofon zu entfernen. Ich bevorzuge es, hautnah und gefühlsecht zu singen. Mit forschem Schritt nach vorne versenke ich mich in die Tiefe meiner bizarren Seele und bin bereit, vom Kostbarsten zu geben. Ich erhebe die Nachtigallstimme, und da – ich höre mich nicht. Verrat, Verrat! Thomas Kukuck legt mir das Kuckucksei und hat am falschen Knopf gefummelt ...«

In der Tat wird seine Stimme nachträglich auch nicht mit elektronischen Effekten auf Hochglanz poliert. Gleichfalls folgt er nicht der Versuchung, das gesangliche Ergebnis durch nebelhafte Halleinstellungen trügerisch aufzubessern. Das ist schon ein deutliches Bekenntnis. Thomas Kukuck, Dave King und die Ströer-Brüder, Hans und Ernst, sind die wichtigsten Mitproduzenten der Lindenberg-Alben. Die meisten Aufnahmen sind in der Bundesrepublik und in Westberlin entstanden, aber manches Mal zieht es ihn in die Ferne. So wird zum Beispiel an der Platte »Udopia« in New York und Nassau auf den Bahamas gearbeitet, bei »Keule« ebenfalls in Nassau, bei »Phönix« in Rio de Janeiro und bei »Casa Nova« in London.

Den umfangreich rekrutierten Trupp der Mitwirkenden bei Aufnahmen kann man dem Plattenanhang entnehmen. Wer glaubt, diese diskographische Lektüre wäre trocken, irrt; die sprudelnde Sprachschöpfung ist Coverbestandteil und bis auf geringfügige Einkürzungen vom Autor so übernommen.

In der Überzeugung, für die Qualität einer Produktion zu guter Letzt allein haftbar zu sein, setzt Udo L. den Musikern bei der Studioarbeit in den ersten Jahren einen engen Spielraum. Das führt zu gelegentlichem Unmut, aber nach seinen Aussagen existiert dieses Problem seit vielen Jahren nicht mehr. Die Arbeitsweise ist entspannter geworden, die anfängliche Unsicherheit hat einer lockeren Routine Platz gemacht.

Zurück ins »Pö«: Das »Pö« hat den Udo bekanntgemacht, und der Udo das »Pö«. Und nun, Ironie des Schicksals, bekommt er etwas, was er von Stund an nicht mehr nötig haben wird: Der Wirt gelobt ihm Freibier auf Lebenszeit.

Alles klar auf der Andrea Doria

Bei Onkel Pö spielt 'ne Rentner-Band
seit zwanzig Jahren Dixieland
'n Groupie haben die auch, die heißt Rosa oder so
und die tanzt auf'm Tisch wie 'n Go-Go-Go-Girl
und dann Paula aus St. Pauli, die sich immer auszieht
und Lola hat Geburtstag
und man trinkt darauf, daß sie wirklich mal so alt wird
wie sie jetzt schon aussieht

und überhaupt ist heute wieder alles klar
auf der Andrea Doria

Gottfried heißt der Knabe da hinten am Klavier
und für jede Nummer Ragtime
kriegt er 'n Korn und 'n Bier
ein Typ in der Nische schockiert seine Braut
und Bernie Flottmann denkt, er wär 'n Astronaut
jetzt kommt noch einer rüber aus der Dröhndiskothek
und ich glaub', daß unser Dampfer bald untergeht
aber sonst ist heute wieder alles klar
auf der Andrea Doria

Bei Onkel Pö spielt 'ne Rentner-Band
seit zwanzig Jahren Dixieland
'n Groupie haben die auch, die heißt Rosa oder so
und die tanzt auf'm Tisch wie 'n Go-Go-Go-Girl
es kommt mal wieder gar nicht so drauf an
und Leda träumt von einem Pelikan
und überhaupt ist alles längst zu spät
und der Nervenarzt weiß auch nicht mehr
wie's weitergeht
aber sonst ist heute wieder alles klar
auf der Andrea Doria

Die siebziger Jahre

– 1970: Inkrafttreten des Atomwaffensperrvertrages, der von 43 Staaten ratifiziert wird;
  Begegnung zwischen Brandt und Stoph in Erfurt und Kassel.
– 1972: Unterzeichnung des Viermächteabkommens zur Regelung
  des Status' von Westberlin ebnet Weg für Grundlagenvertrag zwischen DDR und BRD;
  Im SALT-I-Abkommen zwischen USA und UdSSR wird Begrenzung
  der Raketenabwehrsysteme und fünf Jahre gültige Begrenzung
  strategischer Offensivwaffen geregelt.
– 1973: Aufnahme von BRD und DDR in die UNO, in diesen Jahren
  vollzieht sich eine breite diplomatische Anerkennung der DDR;
  Waffenstillstand in Vietnam;
  Bundesrepublik normalisiert nach Bestätigung der Verträge mit der
  Sowjetunion und Polen (1972) ihre Beziehungen zur ČSSR, zu Un-
  garn und Bulgarien.

- 1974: Einrichtung von »Ständigen Vertretungen« in Berlin und Bonn, nach wie vor aber Nichtanerkennung der DDR-Staatsbürgerschaft.
- 1975: Unterzeichnung der Schlußakte von Helsinki bekräftigt grundsätzlich die Politik der Entspannung dieser Jahre, beide Gesellschaftssysteme setzen aber bei den KSZE-Folgetreffen unterschiedliche Schwerpunkte bei der Interpretation der Schlußakte.
- 1978: NATO verabschiedet Langzeitrüstungsprogramm.
- 1979: Abrüstungsverhandlungen geraten durch den Einsatz sowjetischer Truppen in Afghanistan und durch den Beschluß der NATO zur Produktion und weiteren Stationierung nuklearer Mittelstreckenwaffen ins Stocken.

Vor dem Hintergrund dieser Beschlüsse wächst die Angst vor einer atomaren Bedrohung. In einer breiten Öffentlichkeit schärft sich das Bewußtsein dafür, daß ein neuer Krieg in Europa keine Sieger mehr haben wird. Quer durch alle politischen Lager und Bevölkerungsschichten sammeln sich die Befürworter für Frieden und Abrüstung, und die existentielle Bedrohung führt zu einer starken Politisierung. Zwischen diesem Zeitpunkt und dem im wesentlichen auf Studenten oder im weiteren Sinne auf Jugend begrenzten Protest liegen reichliche zehn Jahre. In der Studentenbewegung wurzelt der radikale Terrorismus einer kleinen Gruppe (RAF), die mit ihren Anschlägen das System nicht schädigt, sondern immer wieder Vorwände für eine Einengung demokratischer Rechte in der Bundesrepublik schafft. Die Regierung Brandt antwortet auf die studentischen Forderungen mit einer umfassenden Bildungs- und Hochschulreform, deren Ergebnisse unter der konservativen CDU/FDP-Regierung ab 1982 weitestgehend revidiert werden. Viele Köpfe der Studentenbewegung hoffen auf Erneuerung und Reform durch die regierende Sozialdemokratie und gehen auf den »langen Marsch durch die Instanzen«. Resignation und Abkehr werden zum Ende des Jahrzehnts deutlich sichtbar. Eine Bestandsaufnahme der Rockmusik nimmt Tibor Kneif in dem Sammelband »Rock in den 70ern« in vier Punkten vor:

»1. ... Der politische, sozialkritische und teilweise sogar revolutionäre Schwung der Jahre 1967–1969 an amerikanischen, deutschen und französischen Universitäten dauert bis etwa 1973, ja die radikalsten Texte entstehen erst nach 1970 bei Musikern und Gruppen wie THE FUGS und John Lennon in den USA, bei IHRE KINDER, EPSILON, FLOH DE COLOGNE, LOKOMOTIVE KREUZBERG und TON STEINE SCHERBEN in der Bundesrepublik bzw. in Berlin(West), schließlich bei KOMINTERN, MAHJUN und TRIANGLE in Frankreich. Eine allgemeine Abwendung der Mitläufer-Massen vom politischen Engagement kann also erst ab der Jahrzehntmitte beobachtet werden. Als eine Folgeerscheinung des einsetzenden zweiten

Biedermeier verlieren die Rocktexte immer mehr an Wichtigkeit und Aussagekraft; sie hüllen sich in eine lyrische, unverbindliche Abstraktheit bei Bob Dylan ebenso wie bei YES und anderen britischen Kulturrock-Gruppen. Die sprachliche Entpolitisierung gipfelt gegen Ende des Jahrzehnts in den inhaltsleeren Satzwiederholungen dadaistischer Gruppen (THE RESIDENTS, PERE UBU) ebenso wie in der Disco-Gattung und in den Infantilismen amerikanischer Power-Pop-Bands. Parallel zum Abbau sprachlicher Botschaften wird die musikalische Faktur zunehmend sorgfältig, kunstvoll, ausgetüftelt. Die elektronischen Spielereien der endsechziger Jahre etwa bei 13TH FLOOR ELEVATORS (die heute irreführend ›Psychedelic Punk‹ genannt werden) werden zielbewußter verwendet und künstlerisch integriert.

2. Entstehung eines neuen ökologischen Bewußtseins, das Natürliche, Naturhafte und Ländliche kommt zu neuen Ehren. Country-Rock in den USA und Folkrock in England drücken diese unterschwellig zivilisationsfeindliche Haltung aus. Der Country-Rock deckt sich dabei in etwa mit dem hier behandelten Jahrzehnt, freilich zehrt er auch von früheren Stilmustern der BYRDS, BUFFALO SPRINGFIELD, LOVIN' SPOONFUL und anderer Formationen. Ab etwa 1970 entstehen unzählige Country-Rock-Bands in den Vereinigten Staaten und in Anlehnung an sie auch in England (wo sie zumeist ein Teil der Pub-Rock-Szene bilden). Am Ende der Siebziger verebben die schöpferischen Impulse immer mehr; der technisch geglättete, sterile Klang der EAGLES verdeutlicht den Niedergang der Gattung. Etwas früher hat der englische Folkrock begonnen, der um 1980 jedoch ebenfalls am Ende seiner Entwicklung zu stehen scheint, auch wenn er eine größere Vielfalt (und einen unvergleichlich höheren künstlerischen Anspruch) aufweist als der amerikanische Country-Rock. Es prägt sich die Angst ein, daß ein Weiterbestehen der Menschheit infolge atomarer und chemischer Verseuchung gefährdet sei.

Science-fiction-Visionen von Raumschiffen, die von der Erde fliehen, schlagen sich in der Populärmusik nieder. Die Klänge zu solchen Assoziationen werden von einer Trivialelektronik besonders in der Bundesrepublik geliefert, wo die Ost-West-Spannung intensiver als anderswo erlebt wird und wo das bis zum heutigen Tag ungelöste Dilemma, zu einer anglo-amerikanischen Musikgattung deutsche Texte zu singen, auf diese Weise am ehesten umgangen wird. Ob die elektronische Musik dem Rock dauernde Impulse vermittelt hat, bleibt insgesamt fraglich. Gruppen wie TANGERINE DREAM und Einzelmusiker wie Klaus Schulze und Edgar Froese sind nicht bereit (oder nicht fähig), ein aus dem 19. Jahrhundert stammendes weihevolles Pathos und ein gänzlich veraltetes Tonmaterial in Einklang zu bringen mit den bereitgestellten Mitteln entwickelter Elektronik. Als eine problematische **47**

Zwittergattung, die weder eine ernstzunehmende Elektronik noch eine wirkliche Rockmusik darstellt, hat der elektronische Rock in den Siebzigern dennoch eine ungemeine Popularität erlangt, nicht zuletzt wegen seiner Politferne und wegen der von ihm geschürten Neuen Mystik, zu der zahllose desorientierte Jugendliche neigen. Überzeugender sind schon zwei weitere popularisierende Verwendungen von Elektronik, nämlich die Synthesizer-Fassungen klassischer bis impressionistischer Werke bei Isao Tomita (die vollends nicht zum Rock gehören) und die elektronische Klangzubereitung in der Disco- und der sogenannten Space-Musik.

3. Das Jahrzehnt geht mit einer düsteren Realität zu Ende: wirtschaftlicher Niedergang in England, Arbeitslosigkeit, Verwahrlosung, Energieverknappung und Ausverkauf europäischer Besitzer an die Öl-Magnaten beherrschen das Bild, dessen Ausdruck die Punk-Bewegung bildet. Wirklich schöpferisch zeigt sich der Rock des Jahrzehnts erst hier, im Punk und noch mehr in der New Wave, die als das wertvollste Geschenk der Siebziger von dem folgenden Jahrzehnt übernommen wird.

Punk und New Wave stützen sich einerseits auf den Früh-Punk von THE NEW YORK DOLLS und auf die spätere Aktivität ihrer Einzelmitglieder, andererseits werden – besonders in England – auch bestimmte Stilmerkmale von ROXY MUSIC, Peter Gabriel, CAPTAIN BEEFHEART und dadaistische Ansätze bei THE RESIDENTS, PERE UBU, TELEVISION und DEVO verarbeitet. Am Ende des Jahrzehnts stellt sich New Wave als die einzige interessante, in allen Richtungen offene Strömung dar, die freilich von der Plattengroßindustrie bereits angekränkelt ist …« (T. Kneif, Rock in den 70ern) So hat es Tibor Kneif 1980 gesehen. Man muß die Positionen nicht in jedem Falle teilen.

Musiker wie ASH RA TEMPEL, TANGERINE DREAM und Klaus Schulze führen die in den späten Sechzigern gefundenen Ansätze – also die Auflösung von Songstrukturen und die freie Improvisation – auf ihre Weise konsequent fort. Weltabgewandtheit, Psychoanalyse und fernöstliche Religionen sowie vermeintlich »bewußtseinserweiternde« Drogenerfahrungen bilden die gedankliche Basis, auf die diese Musik baut. Dabei speist sie sich kaum aus Elementen des Rock, sondern eher aus Freejazz und außereuropäischen Klängen. Es geht nicht um Virtuosität, sondern um Sound. Diesem Bedürfnis kommt die Entwicklung des elektronischen Instrumentariums entgegen. Seit 1970 werden der Synthesizer und seit 1974 der Sequenzer immer öfter eingesetzt.

Ganz anders KRAFTWERK aus Düsseldorf (1970). Die Band baut von Anfang an auf stark rhythmusbetonte Stücke. Ab 1974 versieht KRAFTWERK

diesen monotonen Rhythmus mit den typischen tonlos und elektrifiziert klingenden Textschleifen. Das Kraftwerk-Modell – vergleichbar einer kalten, futuristischen Registrierkasse – hat sich bis heute nicht verändert.

In einer ganz anderen Tradition stehen die politisch orientierten Rockbands der Bundesrepublik. Zu den ältesten zählt die 1966 in Köln gegründete Gruppe Floh de Cologne. Sie versucht ab 1969, Rockmusik und politische Texte zu verbinden, allerdings wirkt die Musik immer holzschnittartig und eckig. Mit ihr soll lediglich das politische Anliegen gefördert werden. Sie hat im Selbstverständnis der Band einen eher zweitrangigen Wert.

Mit klaren Positionen fixiert Floh de Cologne Jugendprobleme in Schule und Betrieb. Agitatorisch und kabarettistisch skizziert sie kapitalistische Wirkungsmechanismen. Ähnliche Stoffe wählt die Westberliner Gruppe Lokomotive Kreuzberg (1972), allerdings setzt sie das Material musikalisch besser um. Die wichtigste Band in diesem Bereich ist Ton Steine Scherben (1970), ihr Einfluß reicht bis in diese Tage. Was sie mitteilen, ist unverstellter Zorn auf die Verhältnisse. Weitere wichtige Gruppen sind Panther (1972), Checkpoint Charlie (1972), Franz K. (1969) und Hotzenplotz (1968, ab 1973 Volksmusik). All diese politisch links orientierten Bands sind für revolutionäre Umgestaltung.

Für die anderen, also Amon Düül I und II, Agitation Free, Tangerine Dream usw. gilt, was Christian Kneisel so zusammenfaßt: »Bei der um 1970 auf die plumpe Formel reduzierten Streitfrage ›Erst revolutionäre Umgestaltung der Gesellschaft und daraus resultierende Bewußtseinsveränderung oder umgekehrt?‹ schienen immer mehr Rockmusiker an letzteres zu glauben. Selbstverwirklichung und Bewußtseinserweiterung und andere Slogans wie ›Do ya own thing‹, ›Befrei dich selbst‹, ›Turn on, tune in, drop out‹ wurden zu Glaubensbekenntnissen. ›Die anderen‹, ›das System‹ konnte(n) einen mal … Auseinandersetzungen mit der eigenen Persönlichkeit, eingehende Nabelschau erfordern Abgeschiedenheit und Ruhe. Man zog sich mehr und mehr von der Straße zurück … Zwischen 1971 und 1975 waren Planetarien, Kirchen, Kathedralen oder fernöstlich angehauchte ›Underground-Läden‹ beliebte Spielstätten. Der äußere und innere Rückzug fand seine musikalische Entsprechung in der Musik der Gruppen Annexus Quam, Limbus 3 und 4, Siloah, einige der Berliner Bands (Tangerine Dream, Klaus Schulze), später der New Quintessence Band und vielen, vielen weiteren … Ab 1974/75 kühlte die Begeisterung für subkulturelle Ideen und Ideale bei Musikern wie ihrem Publikum zusehends ab – in Texten, Interviews und Gruppenstatements war nur noch wenig von Bewußtseinserweiterung und Meditation zu vernehmen …« (Ch. Kneisel, Wo das Kraut wächst, in »Rock in den 70ern«, herausgegeben von T. Kneif)

49

In der Folge vertrauen die Musiker mit Blick auf die Unterhaltung des Publikums überschaubaren Songs. Im Trend liegen Beat- und Rock 'n' Roll-Kopien, z. B. die der Frankfurter BEATLES REVIVAL BAND (1976) und RUDOLF ROCK & DIE SCHOCKER (1975). Quasi das Markenzeichen für den »Krautrock« mit einem hohen Grad an Eigenständigkeit sind Bands wie AMON DÜÜL (1966 gegründet, 1968 gespalten in AMON DÜÜL und AMON DÜÜL II), CAN (1968), GURU GURU (1968), KRAAN (1971), EMBRYO (1969), GROBSCHNITT (1970) und HÖLDERLIN (1970). Sie prägen neben den Westberliner Elektronikern das Bild der Subkultur in den Siebzigern und sind, von Ausnahmen abgesehen, kommerziell nicht erfolgreich.

Für andere Bands geht es mehr um die Aneignung angelsächsischer Spielweisen. Damit ist nicht die Kopie, sondern der Stil gemeint. Sie wollen keine Experimente, haben kein »Sendungsbewußtsein« – die Musiker möchten das Publikum erreichen. Bluesorientiert sind CURLY CURVE (1968) und HAIRY CHAPTER (1968). Aus dem Hard- und Heavy-Zentrum Hannover kommen die SCORPIONS (1965), BASTARD (1977), HARLIS (1974), LADY (1976). Außerdem gibt es die LILAC ANGELS (1973) sowie LUCIFER'S FRIEND (1970). Das schwarze Blues-Funky-Feeling bestimmt die Spielweise von ATLANTIS (1972), KARTHAGO (1971), RANDY PIE (1972). Folkloreelemente bevorzugen HÖLDERLIN und BRÖSELMASCHINE (1968); Jazzrock spielen EMERGENCY (1970), PASSPORT (1971) und SNOWBALL (1977). Insgesamt orientieren sich viele Gruppen an erfolgversprechenden Trends. Um 1977 beginnt ein neuer Abschnitt in der bundesrepublikanischen Rockentwicklung. Junge Musiker suchen und finden »… in Hunderten von Übungskellern – unabhängig von den ›alten‹, ›etablierten‹ Gruppen, ignoriert und ignorierend – neue oder/und unverbrauchte Ausdrucksformen«. (Ch. Kneisel, Wo das Kraut wächst, in »Rock in der 70ern«, herausgegeben von T. Kneif)

Die Bands arbeiten mit deutschen Texten, sie emanzipieren sich zunehmend von der amerikanischen Rock- und Punktradition. Die ersten auffälligen Gruppen waren: STRASSENJUNGS (1977), BIG BALLS AND THE GREAT WHITE IDIOT (1977) und PVC (1977). Selbstfinanzierte Produktionen, Eigenvertrieb und kleine Labels haben Konjunktur. Ca. ab 1980 bemüht sich die Industrie um diesen neuen Trend (die nächsten Jahre rubrizieren unter dem Sammelbegriff »Neue Deutsche Welle«), und das aus gutem Grund: »Die Neue Deutsche Welle … spülte die Plattenindustrie aus der Absatzflaute, in die sie zu Beginn der achtziger Jahre geraten war, und half die Eigensprachlichkeit der deutschen Rock- und Popmusik zu emanzipieren … Gleichzeitig mußte die Branche feststellen, daß sich die Platten der englischen und amerikanischen Superstars, auf die sie derzeit noch Hoffnungen gesetzt hatte, immer schlechter verkauften … Mitten in dieses Klima stagnierender

Popkultur platzte unversehens eine musikalische Bewegung, die bald darauf einen wahren Erdrutschcharakter haben sollte.« (Döpfner & Garms, Neue Deutsche Welle)

An dieser Stelle kann man das Entwicklungsstenogramm mit Blick auf Udo Lindenberg abbrechen. Die Mitte der achtziger Jahre einsetzende vierte Regenerationswelle – der Gedanke von Zyklen liegt auf der Hand – betrifft ihn ganz und gar nicht mehr. Die Ergebnisse der »Neuen Deutschen Welle« sind für ihn nur in zweierlei Hinsicht von Belang:
1. In der Bundesrepublik selbst entsteht mit IDEAL, SPLIFF, NENA, Maffay, BAP, Grönemeyer usw. eine kommerzielle Konkurrenz.
2. Deutsche Sprache in der Rockmusik wird auf populärer Höhe nicht mehr von ihm allein behauptet.
In einer vorläufigen Lebensbilanz sagt Udo in »El Panico« mit dem inzwischen gewohnten ungetrübten Selbstbewußtsein und einer selteneren melancholischen Farbe: »Man kann natürlich auch alles ganz anders machen, und ich erhebe käumlich den Anspruch auf die einzig richtige Methode, aber andererseits habe ich auf den zugigen Bahnhöfen der Hitparaden viele, viele kommen und gehen sehen. Immer wieder habe ich eilige Reisende getroffen, die mit dem schäbigen Hit, dem schnellen Koffer und dem flüchtigen Gelde unterwegs waren, und dann wieder ab in die Versenkung. Ich hingegen lehne mich kichernd zurück im Ersterklasseabteil, fahre weiter durch die Bestsellerlisten und grüße wohlwollend alle Ratten und alle Päpste dieser Welt.«
Auch das Fazit der siebziger Jahre wollen wir ihm noch überlassen. In den obligaten Prominentenumfragen an der Wende einer Dekade, was wohl das Wesentliche am verflossenen Kulturjahrzehnt sei, erläutert er: »Es ist uns in den siebziger Jahren gelungen, Rockmusik mit unserer Sprache zu kombinieren und einem großen Publikum zugänglich zu machen. Wir sind aus der Deutschrock-Kleinecke raus auf die großen Bühnen gekommen. Herausragende Ereignisse: mein PANIK-ORCHESTER und Nina Hagen.« (Münchener Merkur, 31. 12. 1979)

Horst Königstein ─────────────────────────

Horst Königstein, Jahrgang 45, lebt in Hamburg. Königstein, versehen mit einer seltenen Vielfalt von Neigungen, arbeitet in verschiedenen Berufen. Er ist Regisseur und Dokumentarist für das Fernsehen des NDR, ist Journalist und Publizist, beschäftigt sich im weitgefaßten Sinne mit der Geschichte der populären Musik; er ist Fotograf, ist als **51**

Übersetzer tätig und für Udo Lindenberg Freund und Berater. »Ich schätze Horst Königstein als kulturhistorischen Untersuchungsausschuß, als Archivdetektiv und Schnüffelmeister. Ich verdanke ihm viele Anregungen. Er hat die Kenntnis, ich den Instinkt.«

L. B.: Sie haben für verschiedene Künstler Originalsongs übersetzt oder nachgedichtet. Das Material für Udo befindet sich auf den LPs »Lindenbergs Rock Revue« und »Der Detektiv«. Mit welchen Kriterien setzt man sich an diese Arbeit?

H. K.: Das hat zunächst mit dem jeweiligen individuellen künstlerischen Ansatz zu tun. Der ist bei Udo Lindenberg ein grundsätzlich anderer als beispielsweise bei Peter Gabriel (K. hat für Gabriel die Platte »Das deutsche Album« übertragen, d. A.). Als wir die »Rockrevue« planten, war klar, daß eine schlichte Übersetzung von »Penny Lane« (Reeperbahn) nur peinlich geraten könnte. Man kann zwar bei »Leader Of The Pack« (Der Boß von der Gang) comicstriphafte, sich selbst fast ironisierende schlichte Übersetzungen machen, mit all den bekannten Lindenberg-Reimen. Aber »Penny Lane« besteht aus Erinnerungsfetzen an Liverpooler Arbeiterviertel. Es war unmöglich, unsere Reminiszenzen an das Lied und was es uns im jeweiligen Hörzusammenhang bedeutet hat, zu ignorieren.

Deshalb haben wir die Reeperbahn gewählt, denn daran haben wir beide persönliche Erinnerungen. Dieses spezielle Milieu wollten wir in den Text einbringen. Es ist die Rekonstruktion einer Atmosphäre — geschrieben wie ein kleines Drehbuch. Das hat mir mein großes Vorbild Randy Newman, mit dem ich befreundet bin, beigebracht. Seine Lieder schätze ich deshalb so sehr, weil die Kraft der amerikanischen Short Story in die Songform aufgenommen worden ist. Udo nährt sich aus demselben Fundus.

Meine Art zu arbeiten hat sich auch mit der von Udo gerieben. Gemeinsam haben wir immer versucht, vergleichbare Stimmungen zu schaffen oder direkt zu übersetzen — auf jeden Fall blieb von seinem üblichen Jargon nur eine kleine Einfärbung.

Bei Peter Gabriel ist die Sachlage eine andere. Er erzählt fast nie Geschichten, sondern beschäftigt sich mit hysterischen Zuständen, Ängsten, Depressionen, Voyeurismus, also mit Haltungen. Deshalb habe ich versucht, Klangäquivalente zu finden. Aus »I Don't Remember« hab' ich »Frag mich nicht immer« gemacht, weil ich eine Verhörsituation umfassen wollte. Die deutsche LP, die sogar Peter besser gefällt als die englische, auch von den Mixes her, ist im engeren Sinne politisierter, denn wir haben versucht, Situationen dingfest zu machen. Das in diesem Umfeld entstandene »Jetzt kommt die Flut« ist eben kein Lied über gruppendynamische Errettung, sondern über das Ende der Welt und zwei Menschen, die übriggeblieben sind.

L. B.: Warum tun sich Musiker im Gebrauch und in der Interpretation der deutschen Sprache so schwer?

H. K.: Es scheint so zu sein, als wäre das Repertoire an Worten und Begriffen für die zentralen Lebenserfahrungen im deutschsprachigen Raum besonders beschränkt. Ich weiß nicht, warum das so ist, aber es wirkt so, als würde eine Dimension fehlen. Auch muß man einen Song wirklich gestalten, und dieser Vorgang der Gestaltung ist auf eine komische Art und Weise in diesem Lande völlig verlorengegangen. Auf der einen Seite sind Schlagersänger, die singen irgendwie schön. Auf der anderen Seite sind die Rocksänger, die singen irgendwie laut oder leise. Aber es ist wenig kontrollierbar Gestaltetes darin. Udo hat lange gebraucht, um zu akzeptieren, daß er nicht nur immer sich selbst in seiner Rolle reproduzieren sollte, sondern daß man mit jedem neuen Song in eine neue Rolle schlüpfen kann. Wenn man das tut, muß man die gesamte Dynamik der eigenen Stimme ausschöpfen.

Die Kontinuität des Schlager- und Chansonbetriebs in den zwanziger Jahren ist abgerissen. Die Zeit war stark von Schauspielern geprägt, die auch gesungen haben. Heute gibt es kaum Künstler, die beides beherrschen. Schauspieler, die heute singen, versuchen angestrengt, die zwanziger Jahre zu gestalten – aber so kann man das nicht mehr machen. Man muß sich eine neue Haltung erringen. Der Genuß an Worten wird kaum versucht. Auf dem Höhepunkt der Neuen Deutschen Welle hat Joachim Witt aus seiner limitierten Stimme eine wirkliche Haltung herausgeholt, diese Art hat mir gut gefallen. Jedoch muß man unterscheiden zwischen Haltung und Manierismus. Bei Grönemeyer ist es überwiegend Manierismus, der mich ein bißchen nervt. Udo bemüht sich, die deutlich hörbaren Grenzen seiner Stimme zu dehnen, auch die Dynamik stärker auszuschöpfen. Er hat sich das lange nicht getraut, aber jetzt tut er's. All das gehört in den Kontext, warum das so schwierig zu sein scheint mit dem deutschen Text. Dabei denke ich immer: Wieso können die nicht auch in die größten Klischees hineinhören und frei mit ihnen spielen? Prinzipiell ist alles singbar, aber die Stoffe und die Sprache wachsen häufig nicht zusammen.

L. B.: Was war denn das eigentlich Neue im Umgang mit der deutschen Sprache und dem Text, das Udo Lindenberg damals eingebracht hat?

H. K.: Er hat seinen Beat, seine Art zu trommeln gesungen, also seine Sprache wie ein Instrument benutzt. Leider hat er das nach den ersten drei Platten als Methode nicht mehr so entschieden betrieben.

L. B.: Also Rockmusik und deutsche Zunge sind zusammengefallen?

H. K.: Genau. Andere, die es versucht haben, sind in der Liederma- **53** chertradition steckengeblieben. Mit seinen Texten war Lindenberg jargonstiftend. Er hat sich ja in der Szene genau umgehört. Udo hat alles aufgeschrieben und das Material anderen vorgetragen und unentwegt Plebiszite durchgeführt. Das merkt man den ersten Platten deutlich an.

L. B.: Wo siedelt man zwischen künstlerischer Weltabgewandtheit und politisch plakativen Formulierungen einen Song an, damit er wirksam ist?

H. K.: Das kann man schlecht sagen. Es gibt ja die Tradition des »Topical Songs«, der seine Berechtigung hat, wenn man seine Empörung über ein Ereignis schnellstens mitteilen will. Dennoch glaube ich kaum, daß ein »Topical Song« in der Art eines gesungenen Leitartikels außer im Sinne eines politischen Kampfes oder eines Diskussionsbeitrages eine wirkliche künstlerische Leistung ist.

Für mich beginnt die wirkliche Kunst in dem Moment, da all die Aufgeregtheiten, die Entrüstung, auch die politische Anteilnahme sich über Zeiten in mir sedimentiert haben. Wenn ich als Bürger eines Staates, als Wahrnehmender all dessen, was um mich herum passiert – und dann gefiltert durch meine privatesten Beziehungen – die Beschreibung einer Situation oder eines Gefühls versuche, dann brauche ich eine Form, die weit über den Leitartikel hinausgeht. Was die direkte politische Wirkung von Kunst angeht, glaube ich nicht an Monokausalitäten. Ich glaube nur, daß Bilder und Töne manchmal zur rechten Zeit kommen. Angesichts des extremen Bild- und Tongewitters in unserer Gegenwart wird das immer schwieriger – im Westen ist die Suggestion der freien Wahl eine absolute Monokultur an Tönen und Bildern.

Ich habe meine Zweifel, ob das, was Udo tut, richtig ist. Diese Zweifel verflüchtigen sich aber jedes Mal ein wenig, wenn ich in seinen Konzerten bin. Ende der siebziger Jahre, als die Jugendarbeitslosigkeit zu wachsen begann und als die grüne Bewegung sich überhaupt noch nicht etabliert hatte, artikulierte sich quer durch alle Schichten eine große Sehnsucht gegen ein Land der Supermärkte und Kälte. Es war sehr aufregend zu sehen, wie das Publikum sich aneinander festgehalten hat. Sie haben mit Udo mitgesungen »Bis ans Ende der Welt« oder »Lady Whisky«, da war etwas wie Gemeinschaftlichkeit. Ich bin so sehr Individualist, daß ich da meine Skepsis habe, aber es muß wohl eine Funktion haben …

L. B.: Es fällt mir schwer, Udos formulierte antibürgerliche Haltung und das gleichzeitige Schielen nach bürgerlichen Werten zu begreifen. Kann man das erklären?

H. K.: Aus der deutschen Tradition heraus leben wir zutiefst in der

Zweiteilung der nie richtig gehabten Revolutionen, die höchstens von oben aufgepfropft wurden. Auf der einen Seite der Wille, sich für eine große, gerechte Welt im wahrsten Sinne des Wortes in »Bewegung« zu setzen und auf der anderen Seite der Wunsch, doch lieber hierzubleiben und es sich gemütlich zu machen. Diese fatalen Konsequenzen aus unserer eigenen Geschichte und Kultur registrieren wir kaum noch. Wegwollen und dableiben, lieber woanders sein und ganz gern hier sein – das gilt auch für Udo. Man findet es oft, daß Künstler, die menschliche Zerrissenheit gestalten – also Charaktere, die einem gefallen oder die man grauenhaft findet –, dies in ihrer eigenen Biographie genau so leben. Eben das macht sie wiederum attraktiv. Bei Udo ist alles da: Faust und Mephisto – die beiden Seelen, ach, in seiner Brust.

Udo, der ewig Umgetriebene, der Mann, der sich nach großer Liebe sehnt – und eigentlich unfähig ist zu lieben, festgenagelt auf ewig an seinen Casanovakomplex. Wenn es jemandem dann noch gelingt, so etwas auszudrücken, und das auch noch mit Tiefe, die vertikal durch alle Schichten verstanden wird – dann ist er ein Star.

In diesem Zusammenhang gibt es Affinitäten zwischen Popstar und Politiker. Nehmen wir die Eitelkeit: Ich weigere mich, Eitelkeiten zwischen Popstars und Politikern abzugrenzen. Beispielsweise der Fall Uwe Barschel, und das ließe sich bei anderen ebenfalls deutlich nachweisen – da ist diese Lust, über einen Apparat zu verfügen, also bürokratische Groupies für sich tanzen zu lassen. Diese kleinen Bürger, die wer weiß was für sich reklamieren und doch nur eins im Sinn haben: sich in dem, was sie für Masse halten, zu spiegeln.

L. B.: Also besteht der Unterschied zwischen Politikern und Popstars einzig darin, daß man Popstars ein solches Verhalten gemeinhin übelnimmt?

H. K.: Ja, wobei sich Popstars, wenn sie gut sind, länger halten als Politiker. Noch eine Bemerkung zu Udo als politischem Menschen: Früher wurde ihm immer vorgeworfen, daß er nur Sponti und nicht organisiert ist. Aber ich kenne kaum jemanden, der mit solcher Kontinuität auf der richtigen Seite gestanden hat und diese Seite auch regelmäßig mit Geld gefördert hat.

Gemessen daran, wie wenig er in der Schule darüber gelernt hat, wo's lang geht, hat er sich als absoluter Autodidakt langsam seine Bilder gemacht und ist seiner Intuition gefolgt, wenn es um die radikal-demokratische Entwicklung der Gesellschaft ging.

Ich möchte noch etwas über ihn sagen: Man kann dieses Kleinbürgerliche an Udo nicht verdammen, wenn man nicht gleichzeitig akzeptiert, daß zum Kleinbürgerlichen auch das nicht wirklich Verankertsein in Identität, was ja nicht mehr die Identität einer Klasse ist, gehört. Das ist wahnsinnig kompliziert. Zum Beispiel hat Verelendung nicht nur eine materielle Ebene, sondern auch eine geistig-seelische. Das Entscheidende ist, daß Udo das Kind seiner »Klasse« ist, genau wie ich auch, mit all dem Kleinmut und den großen Ängsten. Aber er geht weiter als andere. Er nutzt seine exponierte Stellung nicht zu noch mehr Ängstlichkeit, und das unterscheidet ihn von den anderen. Was er leisten kann und muß, ist, sehr gute Texte schreiben, die auch vor ihm bestehen. Er kann mit seinen Liedern für das Publikum ein Feld herstellen, in dem sich diese Menschen wohl fühlen und ermutigt werden. Das meine ich nicht in einem stabilisierenden Sinne, sondern es geht ums Kräftigwerden.

L. B: Sie haben 1979 als Dokumentarist Udo Lindenberg mit der Filmkamera auf seiner Tour »Dröhnland Symphonie« begleitet. Udo hat damals die Wiederholung des Films »So eine Tournee macht einen reichlich k. o.«, der in allen III. Fernsehprogrammen der ARD lief, untersagt. Worum ging es in dem Film, und welche Folgen hatte Udos Entscheidung?

H. K.: Wir haben sechs Jahre lang nichts mehr miteinander zu tun gehabt. Erst bei der Vorbereitung der LP »Hermine« haben wir wieder zusammengearbeitet, ich habe ihn bei der Auswahl des Repertoires beraten und die Platte dann gemeinsam mit Udo produziert. An dem Film hat ihn gestört, daß wir nicht die PANIK-Familie gezeigt haben, das Feiern vor und hinter der Bühne, sondern daß der Film aus der Perspektive des Roadies beobachtet, mit welchen Mühen das alles abgewickelt wird und wie erschöpft alle Beteiligten sind. Wie Teenies, die morgens mit in den Bus klettern wollten, ausgegrenzt wurden. Man sah, wie Udo mit Doppelkinn, verborgen hinter einer riesigen Sonnenbrille, dasitzt mit einer Traurigkeit, die er – um seine sterbende Mutter wissend, die an Krebs darniederlag – mit niemandem teilen wollte. Es war deutlich sichtbar für jeden, daß er wie ein Nachtwandler durch dieses Land fuhr, und das hielt er im wahrsten Sinne des Wortes für Geschäftsschädigung. Seine Entscheidung dagegen hat mich getroffen, wie noch nie vorher etwas in meinem Leben, weil es ein hochpersönlicher Film war. Das Team hat mit sehr viel Herzblut gearbeitet und war Tag und Nacht bei ihm. Ich fand, daß er einfach hätte sehen müssen, wie liebevoll – und das nicht im angepaßten und opportunistischen Sinne – der Film war. Er zeigt die Achtung vor seinen unerhörten Anstrengungen, Menschen bei der Stange zu halten, sie, trotz größter persönlicher Konflikte, Schmerzen und Unfähigkeiten, zu unterhalten, ihnen vorzuspielen, daß er nach wie vor alles im Griff hat. Alles klar auf der Andrea Doria, also die alte Bajazzo-Nummer. Übrigens hat er mir neulich mal gesagt, daß er das heute ganz anders sieht, aber ich müßte das verstehen. Das zeichnet ihn sehr aus, er kann lernen und besitzt die Fähigkeit, sich zu entschuldigen.

Cowboy-Rocker

Charles Bronson:
Hey Baby, steig auf, laß uns beide, du und ich
laß uns jetzt nach Las Vegas reiten, die Sonne putzen!

Udo:
Der Cowboy-Film ist zu Ende
im Saal ist es längst schon wieder hell
doch da hinten sitzt noch ein Junge
die denken, der schläft
sie sagen: Hau ab, aber schnell
das ist hier 'n Kino
und kein Pennerhotel!

Der Junge wär' sehr gerne noch in Arizona geblieben
In der Goldgräberstadt Gun City
oder in Laramy
er hätte gerne noch weitergeträumt
von sich und Charles Bronson
ja, Charles ist sein Freund

Und nun geht er ganz dicht an den Schaufenstern lang
und überprüft darin seinen Cowboy-Gang
dann setzt er sich auf sein Pferd aus Stahl
und jetzt hört er die Stimme von Charles noch mal:

Ey Mann, fahr zu deiner Rockerclique
und sag der Alten, die du liebst
daß du sie jetzt haben willst!

Cowboy-Rocker:
Hey Baby, steig auf
laß uns nach Las Vegas reiten, die Sonne putzen!

Das Mädchen:
Willst du mich anmachen
oder was ist hier los, Alter?
Das einzig Starke an dir ist deine Moto Guzzi
aber sonst bist du ja so ein Fuzzy!

Und der Präsident meint:
Hör mal, Mann
mach meinen Engel nicht an
sonst kriegst du dermaßen was in die Schnauze …

Die deutschen Texte

Die erste Band, die in der Bundesrepublik deutsche Texte verwendet, ist Checkpoint Charlie. Sie ist am ehesten wohl den anarchistischen Denkmodellen von Ton Steine Scherben vergleichbar. CPC bevorzugt provokative Inhalte (LP »Grüß Gott mit hellem Klang«, 1970), vorgetragen in grollendem Kommandoton.
Der Einsatz von deutschen Texten bedeutet in der Bundesrepublik zunächst den mutigen Bruch mit Vorurteilen. Die Ausläufer dieser Vorurteile halten sich hartnäckig bis zum Ende der siebziger Jahre, als der Gegenbeweis schon überzeugend angetreten ist. Mit dem Hinweis, daß deutsche Sprache schlechterdings im Rock nicht singbar sei, haben die Bands eine gute Schutzbehauptung für ihre fehlende Kreativität im poetischen Bereich. Weiterhin sind ihre Ambitionen von Karrierewünschen verstellt, die ihre einzige Erfüllung in der Eroberung des angloamerikanischen Marktes sehen. Neben den oben schon erwähnten stark politisch orientierten Floh de Cologne oder Lokomotive Kreuzberg versuchen es dennoch einige andere. Zu den Pionieren gehören Ihre Kinder (1968): »Von Demonstrationen individueller Miseren aber bewegten sich die Texte bald weg zu Schilderungen gesellschaftlicher Zustände, die Ihre Kinder in ihren Auswirkungen darstellt … Hanuman versucht 1971, in schlichten Metaphern, in naiver Symbolik kritische Distanz zur Umwelt herzustellen … BRD-konkreter zeigt sich da schon Sonny Henning, Mitglied von Ihre Kinder, auf seiner Solo-LP ›Tränengas‹, deren Texte, so Henning, auf die Lektüre von Wallraffs ›13 unerwünschte Reportagen‹ zurückgingen und deren Hülle, prügelnde Polizisten darstellend, verboten wurde. Aus allgemeinem Räsonieren, aus diffusem Unmut wurde bei vielen Gruppen Wut, die sich an konkreten Gegebenheiten entzündete – und ihnen zu konkreter Sprache verhalf …
Gruppen wie Eulenspiegel oder Franz K. finden langsam die große Geste zum Alltagsidiom, von der pauschalen Gesellschaftsanklage zum Detail …« (Sounds 2/1978) Einem allgemeinen Zug des Bewußtseins folgend, setzt bei diesen Bands ab 1972/73 eine Entpolitisierung ein. Erwähnen muß man noch die beiden Westberliner Bands Bel Ami (1975) und Morgenrot (1975). Unverkrampft und ohne zu moralisieren verbinden sie Hardrockmuster und Großstadtthemen. Bestimmt und

geprägt werden die Siebziger jedoch von Udo Lindenberg. Erst Nina Hagen schafft ab 1978 eine qualitative Fortschreibung dieser Linie. Der Schlüssel zu Lindenbergs Erfolg findet sich in seinem unverwechselbaren Zugriff auf das deutsche Textmaterial, in der Live-Präsentation und in seinem gesanglichen Vortragsstil. »Ich finde meine Stimme hinreißend schön, ausdrucksvoll, explosiv. Ich treffe jetzt auch alle Töne. Im Laufe der Jahre ist meine dünne Mülltonnenstimme auch besser geworden. Für das, was ich mache, reicht es. Für die Texte, die ich singe, paßt kein Breitwanddramaturgiegesang – das wäre schizophren. Die Leute haben den Eindruck, so wie der singt, so würde ich auch singen, wenn ich singen würde. Das ist das Geheimnis.« (Die Zeit, 6. 12. 79) Der inzwischen an die Ausdeutung Lindenbergscher Selbstmitteilungen gewöhnte Leser hört in diesem Falle mühelos heraus, daß Udo L. selbst nicht daran glaubt, im herkömmlichen Sinne singen zu können – aber so stellt sich die Frage im Rock auch nicht. Udo L. hat eine individuelle Gestaltungsform mit hohem Wiedererkennungswert gefunden. Daß die Stimme in Tonumfang und wandelbarer Ausdrucksfähigkeit eher simpel ist, schätzt das Publikum. Auf diese Weise scheint er nicht so entrückt – es könnte auch der Gitarrenspieler vom Lagerfeuer sein.

Im pur musikalischen Sinne war Udo Lindenberg nie ein Erneuerer. »Die Musik war eine gut dosierte Mischung aus solider Hausmannskost (einfache Rock 'n' Roll- und Hardrock-Muster) und ausgefallenen Appetithäppchen wie dem honky tonk-Piano in ›Honky Tonky Show‹, dem Disco-Flash in ›Leider nur ein Vakuum‹ oder der Tango-Einlage in ›Rudi Ratlos‹. Das Panik-Orchester hatte die Rocktradition locker im Handgelenk und zog schnell mal einen rollenden Boogie, eine Runde Rock 'n' Roll, eine Lage zickigen Dixieland, ein abgefahren progressives Gitarrensolo, eine Zigarettenlänge Colorado-Romantik durch. Lindenberg und Band spielten good time music, die man jederzeit in der Kneipe hören mochte.« (H. Haring, Rock aus Deutschland West) Lindenberg folgt dem Mainstream und beleiht furchtlos sämtliche andere Richtungen und Stilistiken. Wenn er also in musikalischen Dingen von Experimenten spricht, ist das ausprobierende Zitieren gemeint. Da allerdings fühlt er sich dem Grundsatz der Perfektion verpflichtet, seine Mitspieler gehören meist zur vorderen Riege bundesdeutscher Rocker. Um seine Musik zeitgemäß zu halten, bedient er sich häufig modischer Einzelheiten. Diese fehlende musikalische Eigenleistung macht Udo unter anderem für seinen Mißerfolg auf dem internationalen Markt verantwortlich.

»Daß ich ins internationale Geschäft nicht reingekommen bin, finde ich frustrierend. Ich glaube, daß ich dazu noch 'ne Ecke weiter kommen muß. Das geht nur mit kulturidentischen Sachen – Stichwort ›Hermine‹. Das hat eine größere Chance als das Nachgespiele von amerikanischen und englischen Mustern. Nun habe ich erst Anfang der Siebziger die eigene Sprache gefunden, das ist im deutschsprachigen Raum ganz gut angekommen, weil die Leute das eben verstehen. Aber musikalisch bin ich noch auf dem Weg, um die wirklich eigene Musik zu finden, die so was von attraktiv und speziell ist und ein Knaller dazu, daß die Leute im Ami-Land sich dafür interessieren. Ich bin halt noch ein junger Forscher.«

Als Lindenberg antritt, ist der deutsche Text fest im Würgegriff der Schlagerindustrie. Die beschriebenen frühen Ansätze anderer Bands dürfen nicht darüber hinwegtäuschen, daß das in einer größeren Öffentlichkeit oder kommerziell keine Rolle spielt. »Ich hab' gedacht, daß es wichtig ist, den Leuten klarzumachen, daß es eine Alternative gibt zum Kotz-Schlager und zum angloamerikanischen Rockmonopol.« Und weiter: »Ich hatte ja Lieder von Ihre Kinder und einigen DDR-Bands im Kopf und selbst auch schon mal was probiert. Dann hab' ich mir gedacht, versuch's richtig, irgendwie muß es ja gehen, die Zeit ist reif.«

Lindenberg holt sich die Textideen von der Straße und aus der Kneipe, er schreibt die Erfahrungs- und Phantasiewelt der einfachen Leute auf, und er notiert die Verse in ihrem Jargon. Das ist sein unbezweifelbares Verdienst. Überdies schafft er es, daß die Rockmusik die deutsche Sprache nicht mehr abstößt wie ein fremdes Organ. Beides existiert nicht mehr nebeneinander her, angloamerikanische Klänge und seine Texte verbinden sich erstmals zu einer gültigen Einheit. »Für mich ist maßgeblich, wie ein Mensch, der Künstler ist, mit seiner Ausdrucksform auf das Leben reflektiert, so wie er es empfindet.« Und dann geht er ohne Selbstzweifel sofort in die Totale: »Wer nicht für mich ist, ist gegen mich — so sehe ich das und sage es dir ganz klipp und klar. Wer nicht für mich ist, ist auch nicht für meine Texte, der ist also auch nicht für die Gedanken, die ja nicht nur meine sind, sondern die Gedanken von ganz vielen. Das sind Sehnsüchte, Ängste und Forderungen, wo nicht gelabert werden soll, die stehen einfach. Und wer das nicht unterstützt, ist gegen uns. Vielleicht ist das selbstgefällig oder arrogant, aber ich sage es trotzdem.« Udo L., die Stimme allgemeiner Empfindungen und Interessen — so sieht er sich in seiner künstlerischen Verantwortung. Dennoch verrät diese Aussage mindestens ein Toleranzdefizit. Unerachtet der kämpferischen Klarheit von Positionen ist die absolut aufgemachte Gleichung, daß jeder Verstoß gegen die auch sehr handfesten Interessen Udo L.s gleichsam ein Schlag in das Gesicht des geknechteten Volkes sei, ein bißchen kurzatmig. Dazu später mehr.

60 Er hat über 350 Texte geschrieben. Dabei findet sich die Umgangssprache nicht nur in den Songs wieder, sie bekommt auch rückwirkende Impulse: »Keine Panik« oder »Controletti« sind inzwischen Bestandteil dieser Sprache geworden. Bislang hat er es immer wieder geschafft, gegen alle prophetischen Prognosen des Untergangs auch kritische Zeiten zu überstehen. Mit Blick auf die Neue Deutsche Welle vermerkt die Süddeutsche Zeitung 1981: »Es war immer sein Fach, mit den rüden, aber allgemeinverständlichen Vokabeln volkstümlicher Slangs Stimmungen und Wahrheiten zu verdeutlichen – meistens fünf Minuten, bevor große Strömungen begannen. Oft sang er auch gegen Trends. Und diese Texte mit dem Lust-Rock der Panikleute erweisen sich nun als so kompakte Sache, daß der neue Rock-Sound Udo & PANIK nicht vernichten kann.« (SZ, 30. 10. 81)

Lindenberg geht locker und unverkrampft mit Sprache um. Witzig und schnoddrig kreiert er eine ganze Latte von Gestalten und Namen: Rudi Ratlos, Bodo Ballermann, Votan Wahnwitz, Albert Alptraum, Gerhard Gösebrecht, Johnny Controletti, Gene Galaxo, Ole Pinguin, Prof. Dr. Abwiegel, Rikki Masorati, Elli Pyrelli, Bernie Flottmann, Carl Brutal und und und … Dabei hat er sein Publikum immer im Blick. »Also es gibt Stücke mit einer gewissen Köderfunktion. Ich glaube, daß es ganz wichtig ist, wenn man Gedankengut, Ideen, Diskussionsstoff, kritisches Bewußtsein verbreiten will, nicht nur sehr qualitativ zu arbeiten, sondern sich auch Gedanken über die Effektivität seiner Arbeit zu machen. Für mich ist es ganz wichtig, viele Leute zu erreichen … und viele Leute erreicht man zunächst mal mit etwas einfacher gefaßten Songs. Da erweckt man Neugier und Interesse, und dann werden die Leute, wenn sie einmal angezündet sind, versuchen, eine Beziehung dazu zu finden. Das heißt, sie holen sich eine Scheibe und hören sich die anderen Songs an. Sie finden dann allmählich eine Beziehung zu den etwas anstrengenderen Songs.« (Zeitschrift für Musikpädagogik 8/79)

Die dem Zuhörer verordnete Erkenntniserweiterung hat Udo Lindenberg selbst etappenweise vollzogen. Die ulkigen Textblüten aus dem Hamburger Treibhaus – versehen mit Film- und Comic-Horizont – stehen am Anfang. Nach und nach weitet sich der Themenkreis derart, daß man nur pauschal feststellen kann: Nahezu sämtliche wichtige Zeitfragen spiegeln sich in seinen Texten. Unglücklicherweise geraten ihm manche Lieder mit den klarsten politischen Haltungen nicht immer als die besten. So ist das Stück »Bananenrepublik« zwar eine exakte Beschreibung ökonomischer Interessen der Industriestaaten in Entwicklungsländern, gleichwohl wirkt es wie die teilnahmslose Vertonung einer Fallstudie. Der gefühlsstarke Mittler Udo Lindenberg ist hier nicht zu orten. Indessen legen die politisch motivierten Lieder enorm an Überzeugungskraft zu, wenn sich Lindenbergs Empfindungen, wie z. B. die ungebremste Wut in »Sie brauchen keinen Führer«, Luft machen. Voll in seinem Metier ist er, wenn er Verhältnisse und ihre Wirkung auf Einzelschicksale schildert. Das »Ich« und der Rest der Welt oder zwei Menschen, die zusammenrücken im Angesicht von Kälte und Unverständnis, komprimiert erfaßte Gefühle, durchaus auch indifferent und widersprüchlich – diese Songs entlassen uns mit fragenden und teilnehmenden Gesichtern.

Daß Udo Lindenberg sich von der Ebene der gewiß schönen, aber naiven Bruder-Lustig-Songs emanzipiert hat, wird ihm von der Kritik gewöhnlich übelgenommen. Dabei ist es entschieden problematischer, wenn er zunehmend der Versuchung unterliegt, die alten Klamotten, Sprüche und Gags geringfügig abzuwandeln und sie notorisch zu bemühen. Dieser spiralförmig abtourende Gleichlauf des Selbstzitats, besetzt mit den Attributen des endgültigen Show-Downs, ist vorläufig durch die LP »Hermine« gestoppt, sie zeigt Alternativen. Es mag schon stimmen, daß die Alben »Andrea Doria« und »Ball Pompös« in sich frisch und geschlossen sind und daß in der Folge manch stiller Kompromiß und überhastete textliche Verschleifung den Künstler in die Irre geleitet haben, aber er hat immer zurückgefunden – siehe »Galaxo Gang« und »Rock Revue«.

Tödlicher ist der selbstverliebte Griff in die eigene Vergangenheit. Zwar schafft Udo Lindenberg immer wieder einzelne gute Lieder, aber die Grundschwierigkeit liegt auf der Hand: Eine so lange währende Karriere hat ihre Untiefen. Die Frankfurter Rundschau attestiert Udo 1983 zwar »phantasievolle Neuschöpfungen«, aber entdeckt gleichzeitig »einen Hang zur Redundanz«. Dann kommt FR-Rezensent Michael Rieth zur Haben-Seite: »Lindenberg ist kein ›harter Mann‹, er ist eine Persönlichkeit. Seine Liebeslieder sind Bekenntnisse zu Weichheit und Zärtlichkeit, sie machen Mut, Gefühl zu zeigen, sich fallenzulassen. Und das gleiche Gefühl, das Liebes- und Lebensfreude ermöglicht, weil es Angst zuläßt, propagiert er politisch – die Angst, die ihn beherrscht in einer fast außer Kontrolle geratenen Welt, kann nur durch Aktivität gebannt werden: nicht im blinden Vergessen des heißen Rockrhythmus, sondern dadurch, daß man Furcht und Lust nach außen trägt.« (FR, 18. 3. 83) Die Bewertung dieses Teils Lindenbergschen Songvorrats stimmt bis heute. Daß die Kritik die Wiederholung und das gelegentlich grobe Raster seit dem Ende der siebziger Jahre zunehmend bemäkelt, soll hier noch mit zwei Quellen belegt werden.

»Allerlei Probleme der heutigen Zeit reduziert Lindenberg … auf ein handliches Gerüst. Ob Liebe, Frieden oder Dritte Welt – ›Dibudibu Da Dubndubn‹, wie er oft singt –, die Schuldigen lassen sich leicht finden, meist sind es ›die da oben‹, die Gutwilligen sind machtlos, **62** können nur, wie Lindenberg, singen.« (Der Tagesspiegel, 23. 3. 83)

»›Knöcheltief watend im Jargon dieser Jugend‹, wie ihn Werner Burkhardt vor vielen Jahren durch die Sprache seiner Zeit laufen sah, wird man Udo Lindenberg heut nicht mehr antreffen. Er hat die putzigen Alliterations-Namen wie Rudi Ratlos, Gerhard Gösebrecht oder Gene Galaxo, über die man vor langer Zeit noch lachen konnte, ebenso unlösbar an sich gekettet wie seinen Gesang, und es geht ihm mit seiner Sprache nicht anders als mit seiner Stimme: Was einst komisch war, will heute immer noch komisch sein. Aber man hat die Mechanik, die so simpel funktioniert, schon zum Ermüden über. In seinem neuen Lied ›Moskau‹ kommt ›Olga von der Wolga‹, und ich wette, daß er in vier Jahren spätestens mit Anton nach Kanton oder mit Ina nach China fährt. Die Hauptstadt der UdSSR ›ist ne Wahnsinns Halli Galli Stadt/die mir wie ein Hammer an die Mütze fliegt‹ – und spätestens bei dieser Zeile wird der Verdacht zur Gewißheit, daß da jemand unfreiwillig sich selber parodiert.« (Die Zeit, 4. 10. 85)

Das liest sich witzig und stimmt in seinen Einzelaussagen, aber durch seine Einäugigkeit hilft es niemandem. Entschieden differenzierter und tiefer dringt Horst Königstein in das Problem ein und zeigt Perspektiven.

»… Die Ent- oder besser Auswicklung der Lindenbergschen Texte ist ganz offen: eine Bilder- und Bedeutungswelt wird ausgestellt, deren Fundament die Power ist, die listig den als mies begriffenen Verhältnissen abgeluchst wird. Tramper am Straßenrand, Politiker als subversive Zauberer, Fußballer, Zwerge, dicke Frauen, Verrücktheiten für jedermann – ein Wanderzirkus der großen und kleinen Gefühle. Dann gibt es aber auch Platten wie ›Sister King Kong‹, ›Panische Nächte‹ und ›Dröhnland‹, auf denen deutlich vorab konzipierte Problemsongs untergebracht sind – Problemsongs, die als gesungene ›Titelgeschichten‹ von den Fans auch angenommen werden (Probleme wie Jugendarbeitslosigkeit, Heroin, Jugendalkoholismus, Homosexualität).« Und jetzt kommt Königstein auf des Pudels Kern: »Für mich werden die ›Probleme‹ – scheinbar zwangsläufig – zu Schlagzeilen – Plaketten, die weitgehend eigener Erfahrungssubstanz entbehren. Die Sache wird dadurch nicht unkomplizierter, daß die Problemformulierung quasi an andere (›kompetentere‹) abgegeben wird – ob Freunde, Experten oder Jasager. Sie unterliegen vergleichbaren Wahrnehmungseinschränkungen – und ein Text bewahrt nur dann Authentizität, wenn auch das Nichtwissen (-können) sich deutlich ausdrückt. Das heißt: Texte und Musik müssen brüchiger werden, Widersprüche spiegeln. Dann sind sie realistisch …« (H. Königstein, Deutscher Straßenfilm, in »Living in a Rock 'n' Roll Fantasy«, herausgegeben von H. Naumann, B. Peuth)

Baltimore

Überall im Zentrum der reichen alten Stadt
drängen sich die Möwen, halberfroren und matt
denn auf dem Meer sind Stürme
und das bringt große Not
in der City gibt's kein Futter
hier finden sie den Tod

Eine Nutte wartet auf das letzte Rendezvous
und ein Penner deckt sich mit Plastiktüten zu
die Leute, die du ansiehst, gucken weg und drehn sich um
jeder spürt, die City stirbt
und keiner weiß genau, warum ...

Oh, Baltimore, dein Ende ist in Sicht
oh, Baltimore, ein paar Jahre noch
länger geb' ich dir nicht

Meine Schwester Sandy und mein kleiner Bruder Gregg
ich kauf' ein altes Auto, das bringt uns ganz weit weg
in die höchsten Berge und in das weite Land
da bleiben wir für immer
komm, nimm meine Hand

Oh, Baltimore, dein Ende ist in Sicht
oh, Baltimore, ein paar Jahre noch
mehr geb' ich dir nicht

Oh, Baltimore, du wirst untergehn wie ein großes Schiff
oh, Baltimore, du gehst unter
doch mich ziehst du nicht mit runter

Baltimore, in deinem Schutt erstick' ich nicht ...

Jetzt muß eine beinharte Rockband her, denn mit dem Erfolg der
»Andrea Doria« ist der Weg auf die Bühne frei, und unseren Botschaf-
ter der Kopfrandale zieht es mit Macht in die großen Arenen. Erst auf
dem Podium wird sich die Vision des leidenschaftlichen Rock 'n' Roll-
Dompteurs in einer nicht enden wollenden Serie phantasievoller Bilder und Gestalten spektakulär erfüllen.

Bei den Aufnahmen zur »Andrea Doria« soll er zum erstenmal gefallen
sein, der Name des PANIKORCHESTERS. Das Gründungsdatum der Band
ist der 13. August 1973. Das PANIKORCHESTER, nach Belieben auch PANIK-
BAND oder späterhin, samt allen Beteiligten, auch PANIKFAMILIE genannt,
konstituiert sich angemessen fröhlich: »Mein Freund Steffi Stephan
hatte damals irgend so 'n Bretterschuppen aufgerissen, der sich sehr
gut als Probenraum eignete ... Wir haben Sekt gesoffen, und ich hab'
gesagt: ›Nun beginnt eine Party! Vielleicht dauert sie ein paar Jahre,
und wir wollen vor allem unheimlich viel Spaß dabei haben.‹«

Über die Gefühle und Motive sagt Udo: »Diese Zeit war mehr von
Erfindergeist im musikalisch-kreativen Bereich geprägt, und dann
war's ganz einfach eine günstige Chemie – da waren Leute, die hatten Lust, es miteinander zu versuchen. Was dabei rauskommt, ahnte
keiner, aber wir wollten tolle Sachen machen, uns nicht anpassen und
prostituieren – wir wollten unser eigenes Ding machen, gut Kohle verdienen, reich werden, Freude haben an der Musik.«

Ein paar Wochen wird hart geprobt. Es ist klar – jetzt geht es um alles
oder nichts. Mit einer erfolgreichen Platte im Rücken kann man den
Absprung schaffen, oder Kritik und Szeneleute zeigen hohnlachend
und schadenfroh mit dem Daumen nach unten.

Udo L.s kühle Überlegenheit ist Makulatur, gedacht als Ermutigung für
sich und die anderen. Schon vor dem ersten winzigen Testkonzert in
Telgte hat er ein paar schlaflose Nächte. Aber in dem, was auf der
Bühne passieren soll, ist er unbeirrbar. Er hat fest umrissene Vorstellungen. Grundmuster und Anliegen der späteren perfekten Inszenierungen sind bereits ausgeprägt. »... Ich hab' gesagt, wir müssen da
unheimlich locker rangehen, und wir dürfen eins nicht machen: mit
langen Gesichtern wie die Stummfische auf der Bühne stehen, wie
eben die meisten deutschen Bands das seinerzeit machten. Bei uns
haben wir also gleich die Show mit eingebaut und eben auch so 'ne
dramaturgische Portion Großkotz ...«

Der Boden für das erste Konzert ist günstig vorbereitet. Um Lindenberg entsteht ein werbeträchtig aufgeheiztes und newcomertypisch-
nervöses Kraftfeld. Der Termin in der Musikhalle Hamburg wird mehr-
fach wirkungsvoll verschoben. In einem solchen Klima kann die Publi-   **65**

kumsreaktion nur extrem ausfallen. Bei all dem Rummel kommt der Tag des Offenbarungseides, dann zählen nur noch Leistung und Überzeugungskraft. Udo Lindenberg hat das Hamburger Konzert in Erinnerung behalten, und Steffi Stephan bezeugt, daß die Stolpernummer wirklich so abgelaufen ist: »Zwanzig vor acht, und ich schlich wie ein unruhiges Raubtier hinterm Bühnenvorhang hin und her ... Ich kriegte es echt mit der Angst zu tun und wurde für einen Moment ganz religiös. Ich hatte ständig das Gefühl, daß sich mein Magen umdreht, und mich befiel 'ne ziemliche Angst, den Gig zu schmeißen. Zweitausend Leute. Mir schlotterten die Knie. Was konnte alles passieren, damit die Zeitungen am nächsten Morgen meinen Auftritt niedermachten oder noch schlimmer, gar nichts drüber schreiben würden? ... Hier sollte der entscheidende Schnitt in meiner Karriere stattfinden. Es ging um alles oder nichts. Ich stand mit Olaf Kübler hinter der Bühne an der Bar, die extra für uns aufgebaut war, und wir tranken jeder 15 Korn-Cola. Die Band spielte bereits die Ouvertüre, drei Stücke vorweg. Olaf machte auf ›coolen Indianer‹, als er meine Zitterhände sah, sprach mir Mut und Zuversicht zu und kredenzte mir noch ein weiteres Gurgelwasser. Der Countdown lief. Ich gab mir den goldenen Tritt und rannte auf die Bühne, die bereits kochte. Ich legte meinen erotischen Schnellschritt ein und hoffte nur, daß mir die doppelten Körner nicht aus dem Kopf fallen würden.

Bloß keine Panik, alles mußte unter Kontrolle bleiben. Jetzt konnte alles nur noch aus dem Bauch und vom Feeling kommen. Während die PANIKBAND schon voll abgehoben war, raste ich nach vorn, wo ich mein Mikrofon auf einem dieser wackeligen Ständer wähnte. Diese Dinger mit den drei Knickfüßen. Ich hatte mich durch meinen promilligen Silberblick in der Entfernung vertan, war dann noch geblendet durch die riesig großen Scheinwerfer – und rannte ins Leere. Da, wo ich das Mikrofon ahnte, war nichts als pure Luft.

Vor Schreck stolperte ich und drohte auf die Bühne zu krachen. Während des freien Falles riß ich geistesgegenwärtig mit dem Fallfuß das Mikrofonstativ um. Das Mikrofon schleuderte aus der Halterung, mir direkt vor die Schnauze, und als ich dann dalag und dachte: ›Udo, das war's dann wohl, die Karriere wurde soeben beendet‹, schrien die Leute vor Begeisterung auf, und ich fing in meiner Verzweiflung an zu singen, und jeder dachte: ›Die Show hat er aber richtig gut geprobt, das muß ihm erst mal einer nachmachen.‹

Der Saal explodierte, die Zuschauer stiegen auf die Stühle. Ich erhob mich lässig aus dem Bühnenstaub, und der Rest des Abends ging ab wie die Christel von der Post.«

Zur ersten Besetzung des PANIKORCHESTERS gehören Steffi Stephan
(Baß), Karl Allaut (Gitarre), Gottfried Böttger (Keyboards) und Backi

Backhausen (Schlagzeug). Weiter sind dabei Olaf Kübler (Posaune) und Judith Hodosi (Saxophon).

Die Gesichter in der Band wechseln, und genaugenommen sind sie, die hohe spielerische Qualität mal vorausgesetzt, wirklich auswechselbar. Zwar ist das kollektive Erlebnis des Musikmachens für die Gruppe immer wichtig, aber die dominante Figur, das Zentrum des Geschehens, ist Udo Lindenberg. Die Band ist ein lockeres Gebilde, in dem die Leute kommen und gehen, wiederkommen und wieder gehen. Dazu rechnen muß man auch Musiker, die Lindenberg bei Produktionen und Tourneen zeitweilig unterstützen. Es ist nicht einmal möglich, einen vorläufigen Stand bei Redaktionsschluß anzugeben, da manche Positionen von Konzert zu Konzert unterschiedlich besetzt werden. Die wichtigsten Mitglieder waren oder sind in ungeordneter Reihenfolge: Gitarre – Karl Allaut, Thomas Kretschmer, Roger Hook, Helmut Franke, Jim Voxx, David Rhodes, Wesley Plass, Dieter Faber, Peter Hesstein, Dave King, Hannes Bauer, Karl Carlton, Paul Vincent; Baß – Steffi Stephan, Dave King; Schlagzeug – Bertram Engel, Keith Forsey, Thomas Digi, Dieter Ahrend, Backi Backhausen, Curt Cress; Keyboards – Jean-Jacques Kravetz, Hendrik Schaper, Gottfried Böttger, Kristian Schultze, Dave King, Joachim Kühn, Uwe Wegner; Saxophon – Olaf Kübler, Gebhard Glonnig, Frank Loef; Percussion – Nippy Noya; Trompete – Claus Reichstaller; Mundharmonika – Johnny Müller. Außerdem noch: Peter Herbolzheimer und seine Pustefixbläser. Im Chor und solistisch betätigen sich: Ingeburg Thomsen, Rale Oberpichler, Inge Bellmann, Freya Wippich, Jutta Weinhold, Inga Rumpf und Ulla Meinecke.

Jeder, der nach dem Erfolg der »Andrea Doria« und dem furiosen Konzert in Hamburg jetzt sein Geld in Udo Lindenberg investiert, geht praktisch kein finanzielles Risiko mehr ein. Es beginnt das große Pokern um Summen und Verträge. Hier zeigt sich, daß Udo L. nicht der selbstvergessene Künstler vom anderen Stern ist. Er offenbart eine clevere Verhandlungsstrategie und weiß aus der Gunst der Stunde das höchste Kapital zu schlagen. Das erste Gebot lautet: »Ich lasse mich nicht vermarkten, ich vermarkte mich selbst.« Das stimmt insofern, als er seine Geschäftsinteressen immer fest in der eigenen Hand behält. Er hatte und hat keinen Manager, nur ein paar Assistenten, Anwälte und Steuerberater. In einer privatwirtschaftlich organisierten Gesellschaft nutzt er gekonnt das verfügbare Instrumentarium. Daraus einen prinzipiellen moralischen Vorwurf zu formulieren, wäre abstrakt geurteilt. Die eigentliche Reibungsfläche und die Widersprüchlichkeit liegen in den eigenen ökonomischen Belangen, die auf einen bestimmten politischen Anspruch treffen.

Nach einigem Hin und Her verlängert Udo Lindenberg seinen Plattenvertrag bei der Teldec (er wechselt nur noch einmal die Plattenfirma und geht zu Polydor) und kassiert den damals horrenden Vorschuß von einer Million DM. Mit Stolz erzählt er noch heute, daß er die erste bundesdeutsche »Ratte« gewesen sei, »... der es gelang, sich ganz tief in einen Konzernscheck reinzubeißen ...«. Und dann folgt eine jener politischen Verbrämungen, bei der man nicht dächte, daß er das ernst meint, wüßte man nicht, daß er wirklich daran glaubt: »... und ich hab' gedacht, ›so muß das jetzt auch immer weitergehen, als klassenkampfmäßiger Ausgleich zwischen dem Mörderkapital der Großindustrie und der Armut des Proletariats‹ ...«

Die Rechte an den Konzerten sichert sich Hans Werner Funke (bis 1977). Schließlich und endlich folgt die Zusammenarbeit mit Fritz Rau (Lippmann + Rau).

Udo Lindenberg ist am Ziel seiner Wünsche. Alle Signale stehen auf Grün, die Weichen für den Panikexpreß sind in jeder Hinsicht vorteilhaft gestellt. Nunmehr können wir das Festhalten am biographischen Faden sein lassen. Die Geschichte ist an einem Punkt angekommen, da ihr Fortgang sich lesen würde wie die eines beliebigen erfolgreichen Künstlers. Eine Kette von Alben, Shows, Begegnungen, Affären, Siegen und Niederlagen. Ergiebiger ist jetzt die Untersuchung nach thematischen Schwerpunkten.

Die Bühne ist angerichtet

Wenn ich 5 Minuten vor dem Auftritt
hinter der Bühne steh'
und mir durchs kleine Loch im Vorhang
das große Publikum anseh'
wenn's dann plötzlich mulmig im Magen rumort
und der Lampenfieber-Vampir mich voll durchbohrt
wenn ich, obwohl ich sonst so easy bin, total vibrier'
und der Roadie bringt mir schnell noch 'n Beruhigungsbier

Dann wär' ich lieber einer von euch da unten
da hinten, 10. Reihe links
ich würde denken, na Popstar
wolln wir doch mal sehn, ob du das bringst
ich würd' mich locker wie ein Rocker
in den Sessel hängen
und lauschte wie berauscht diesen Infernogesängen
das einzige Problem, das ich mir vorstellen kann
wie verkraftet meine Freundin
so 'n erotisches Programm?

Die Flasche mit dem Kicherwasser
kreist von Mann zu Mann
ja, die Jungs von der Kapelle
knallen sich tierisch an
ein letzter Blick in den Spiegel
weil man auf Schönheit nicht gern verzichtet
und dann sagt Controlletti:
Signore, die Bühne ist angerichtet!

Die Show

»Die Archivisten der deutschen Nachkriegskultur können sicher genau aufzählen, wie viele Touren das jetzt schon waren. Ich weiß es nicht mehr ganz genau. Es waren Tausende von wunderbaren Konzerten. Tausende von wunderbaren Partys. Zärtliche Begegnungen mit Publikum und Einzelmenschen. Insgesamt sind wir ja schon 17 Jahre dabei, und es ist kein Ende abzusehen.«
Udo Lindenbergs Bühnenpräsentation strahlt von Anfang an Wärme und viel Kontaktbereitschaft zum Publikum aus. In seiner Show legt er keinen Wert darauf, den entrückten Star zu spielen, dem das Konzertvolk fasziniert und entmündigt in die Nasenlöcher glotzt. Die Beobachter sehen in ihm fast durchgängig einen lockeren Mann, dessen schlaksige, manchmal sogar als ungekonnt aufgefaßte Bewegungen viel Sympathien wecken. Das ist der »unnachahmliche Bodytalk-Tanzstil, bei dem sich Generationen von nachstrebenden Imitatoren noch Jahre später die Wirbelsäule verbiegen sollten«.
Die Frankfurter Allgemeine Zeitung schreibt über die erste Tournee: »Da bei Udo Lindenberg die Texte die entscheidende Rolle spielen, ist ihm der Vorwurf zu machen, daß er sich um deren Vermittlung bei der Konzertpräsentation nicht kümmert, sondern sich auf die vordergründig unterhaltenden Funktionen lauter Popmusik verläßt ... Er versprach, eine bessere Verständlichkeit seiner Stimme zu bewerkstelligen.« (FAZ, 22. 1. 74) Diesen Übertragungsmangel auf Kosten der Texte erklärt Udo mit unprofessionellem Arbeiten an überdies schlechter Technik. Die Rechtfertigung dürfte nicht zureichen, da sich der Einwand über die erste Tour hinaus quer durch die Jahre zieht.
Schon frühzeitig versucht Udo L., Texte zu gestalten und zu bebildern. Noch mal die gleiche Nummer der FAZ: »Auch wenn Lindenbergs Bühnenshow einige lustige und originelle Momente hat (so wird der Niedergang des ›Alkoholmädchens‹ pantomimisch von der Saxophonistin dargestellt, und als im Text der Sanitätswagen kommt, flackert sogar ein Blaulicht), muß man demjenigen, der diesen sicherlich von **69**

allen Imitationsklischees am wenigsten belasteten deutschen Popmu-
siker kennenlernen will, vom Konzertbesuch abraten und ihm empfeh-
len, die Schallplatten von Udo Lindenberg anzuhören.«
Dieser Ratschlag kann Udo nicht aufhalten. Das »Kulturdezernat« der
FAZ, seinen noblen Ressentiments verpflichtet, wagt eine Prognose.
Am 17. 10. 74 kann man lesen: »So wird es … wohl noch so manchen
Zuhörer geben, der vielleicht keinen Widerspruch in der Musik selbst
entdecken kann, der aber mit Resignation beobachten wird, wie sich
ein künstlerisch potenter, aber physisch kranker Musiker in kurzer
Zeit verheizen läßt oder bestenfalls sich selbst verheizt.«
Das Publikum, konfrontiert mit dem Pomp und Pathos angloamerika-
nischer Bands, empfindet die Lindenbergschen Gags als wohltuend
und erfrischend. Die gestalteten Elemente genügen nie nur einem illu-
strativen Selbstzweck, sie haben Funktion. Udo Lindenberg geht davon aus, »daß die Leute nicht nur gern Musik und Texte hören, sondern auch gerne dazu etwas Interessantes sehen. Daß über Figuren
und Bauten und Show manche Texte noch klarer rüberkommen.
Wenn man sich nicht vertut …, denn die Gefahr besteht auch, daß
man von Texten ablenkt.« Nach seiner LP »Votan Wahnwitz« kreiert er
für seine Show die erste berühmt gewordene Kunstfigur, Elli Pyrelli.

Elli Pyrelli
vom Regensburger Opernhaus
bläht ihre Kehle und ihre Seele auf
und kommt wieder ganz groß raus
überhaupt ist diese Art Schmettergesang
neurdings wieder sehr gefragt
die Rock 'n' Roll-Gespenster sind weg vom Fenster
die Arie ist angesagt

Elli Pyrelli: Oh Votan, weiche von mir …
(aus »Elli Pyrelli«)

Die korpulente Hamburger Hausfrau Renate Dahlke gerät über den
Künstlerdienst an den panischen Operettentrupp. Beseelt von ihrer
sängerischen Mission schmettert sie aus vollem Hals und träumt von
einem eigenen Liederabend. Das Panoptikum wird um Rudi Ratlos er-
weitert (LP »Ball Pompös«). Als charmanter Tangogeiger changiert
Peter Arff, ein pensionierter Verkaufsleiter. Mit dem Song »O-Rhesus-
Negativ« wird der Vampir Ralph Hermann, der jahrelang auch Udos
Chefassistent war, zur schauerlichen Bühnenexistenz. Den muskulö-
sen Pfeiler der Familie bilden die beiden Catcher Otto und Klaus, die
nebenbei noch die Bodyguards des Wanderzirkus' sind. Wenn Udo

über die Shows redet, erinnert er sich auch an den Transvestiten Romy Haag: »Ich war so hingerissen, daß es mir völlig egal war, welcher Geschlechtlichkeit ›es‹ zuzuordnen war. Sie war vom Dritten Geschlecht, wie sie mir sagte, und das fand ich sehr überzeugend.« Nicht zu vergessen die Schar der Kinder und Halbwüchsigen — sein Neffe Marvin, Pascal (der Sohn des Keyboarders Jean-Jacques Kravetz) und die Paniksöhne (im übertragenen Sinne) Hauden & Lucas. Noch manch anderer gehört zu dem schillernden Haufen. Über das Podium tanzt ein Ballett — mal Roboter, mal Nonnen oder Pinguine. Wenn Not am Mann ist, gehen auch die Sekretärinnen mit auf die Bühne.

Die Konzerte sollen sinnesfreudige Attraktionen sein, die belustigen und erschrecken können. Viel Licht, Dias, Filme und Videos, bis hin zu aufwendigen Bühnenbauten sind die Zutaten. Das Publikum sieht immer die Schokoladenseite. Die Mühen, Rivalitäten und persönlichen Krisen hinter den Kulissen bleiben im Dunkeln.

Den Zwerg Felix (Thomas Scholz) lernt Udo im »Onkel Pö« kennen. Felix, Mädchen für alles und immer in Udos Nähe, taucht auf der Bühne in verschiedenen Rollen auf. Ob als Teufel, Batman, Bodo Ballermann oder Cowboy — Felix kann alles.

Felix

Fred Astaire ist gegen sie doch nun wirklich kein Genie
sie tanzt erheblich origineller
zu einer immer wieder gern gehörten Charlestonmelodie
steppt sie wilder und schneller
sie ist im Zirkus Sarison die große Attraktion
Alice Wonder ist ihr Künstlername
doch dann fällt das Kleid und in Wirklichkeit
heißt sie Felix und ist gar keine Dame!

Er ist ein Liliputaner, ein Superartist
er schluckt ein Schwert
das doppelt so lang wie er selber ist
er macht 'n Kopfstand auf einem galoppierenden Gaul
er verschlingt das Feuer
doch verbrennt sich dabei nie das Maul
er gibt dem Löwen Leo einen Zungenkuß
er macht mit Elli Pyrelli einen Showkoitus
er macht Fez am Trapez, er erzählt einen Gag
und die Leute lachen sich halbweg …

Dann ist die Vorstellung zu Ende
dann geht er nach Haus
er wohnt allein in seinem Caravan
er zieht sich das goldene Trikot aus
und schießt sich schöne Träume in den Arm
er denkt an Jenny, süße Jenny, die Seiltänzerin
der er vor Jahren einen Heiratsantrag machte
er hat sie sehr geliebt
sie sollte zu ihm in den Wohnwagen ziehen
doch sie empfand das nur als Witz und lachte ...
und am nächsten Morgen finden sie ihn
totgefixt mit Heroin
und am Abend läuft das Programm
ohne den kleinen Mann
the Show goes on, the Show must go on
auch ohne ihn ...!

Dröhnland-Rock-Revue ───────────────────────

Die Tournee von 1979 soll exemplarisch abgehandelt werden, nicht
nur weil sie die aufwendigste und die mit der größten Resonanz ist. An
ihr entzünden sich die Debatten darüber, was Rock und Theater zusammen können und was nicht. Sie ist die auf die Spitze getriebene
Realisierung Lindenbergscher Vorstellungswelt. Die Neigung zum
burlesken Laientheater mit seinen skurrilen Helden läuft notwendiger-
weise auf die Zusammenarbeit mit einem professionellen Theater-
mann zu, der Ambitionen in Udos Richtung hat. Der Regisseur Peter
Zadek, mit seinen Inszenierungen 1979 durchaus nicht unumstritten,
wird hier Udo Lindenbergs Partner. »Ich wollte einfach mal sehen,
was dabei rauskommt, wenn ein Theaterspezialist bei uns was auf die
Bühne bringt. Was passiert, wenn auch so 'ne Reibung entsteht.«
Daß »seriöse« Theaterregisseure sich um die Aufführung von Musik-
revuen kümmern, hat für viele einen faden und abwertenden Beige-
schmack und ist für die Theaterelite nicht die Regel. Udo Lindenberg
sieht in Peter Zadek jemanden, »... der — was ich löblich fand — den
kleinen Rahmen des feudalistischen alten Insider-Theaters zu spren-
gen gedachte ...« Dieses Miteinander kann man durchaus als unge-
wöhnliches Ergebnis einer allgemeinen Tendenz werten, denn in dem
Maße, wie der Rock 'n' Roll sich Versatzstücke des Theaters aneignet,
kann man umgekehrt auch den Griff des Theaters auf die Popkultur
beobachten. Zadek kennt den Graben zwischen unterhaltender und
72 ernster Kunst, der nirgendwo so tief ist wie im deutschsprachigen

Raum: »Die Bundesrepublik ist das einzige Land in der Welt, das seine Showstars nicht im Theater einsetzen kann. In England sind die Grenzen nicht fest abgesteckt wie hierzulande. Es ist der Tod des Theaters, das Publikum in Kategorien aufzuteilen. Insofern halte ich, was wir hier machen, für zukunftsträchtig, weil es ein Anfang, ein Versuch ist, in eine ungewohnte, neue Richtung zu gehen. Das könnte wichtig für das Showgeschäft wie für das Theater werden, beiden eine belebende Spritze zu geben, da beide ziemlich verkümmern.« So Peter Zadek am 20. 1. 79 in der Main-Post. Allein schon der Versuch, gegen tief wurzelnden Usus vorzugehen, ist verdienstvoll, auch wenn das Ergebnis unterschiedlich bewertet wird. Aber für so manchen Kritiker wird die Show nur zum Vehikel für eine hemdsärmlige Generaldebatte.

Die kulturbeflissenen Bildungsbürger, politisch stramm konservativ, die sich standhaft vor der Rockbarbarei ekeln, lassen sich natürlich die Chance nicht entgehen, mit dem renitenten Zadek ein paar alte Rechnungen zu begleichen. Vom sittenwidrigen Ansturm auf den Theaterparnaß bis zum schamlosen Mittun an einer untermaßigen Musikschau ist es ein kurzer und logischer Weg. Das Deutsche Allgemeine Sonntagsblatt erläutert am 28. 1. 79 diese Geisteshaltung: »Und mit so einem, der seine Musikanten zum PANIKORCHESTER gemacht hat, läßt Peter Zadek sich ein? Der ernsthafte, wenn auch in den Augen traditionsbewußter Theaterbesucher unseriöse Regisseur als Illustrator von Halbstarken-Schlagern? Es gibt keinen besseren Beweis dafür, wie sehr das über Jahre gehegte Mißtrauen berechtigt war gegenüber einem Mann, der mit Shakespeare Schindluder getrieben hat … Aber es kommt noch schlimmer! Wie um das Maß voll zu machen, gesteht Peter Zadek freimütig eine Besudelung der allerheiligsten Bastion. Hört man doch, daß er mit ›diesem Lindenberg Faust-Texte zur Gitarre gesungen‹ hat. Ist Zadek dort angekommen, wo er hingehört: Beim Tingeltangel der achtziger Jahre?« Gewiß doch, denn so Zadek: »Shakespeare war ein Musical-Schreiber« und die »Grenzen zum Boulevard-Theater, zur Revue müssen geöffnet werden. Macht das Tor auf!« Abgesehen von der puristisch-dogmatischen Ecke werden auch anderwärts Fragen laut. Da ist die FAZ mit ihren obligaten Bedenken: »An der Ergiebigkeit dieser Zusammenarbeit läßt sich zweifeln …« Doch dann wird der eigentliche Punkt dingfest gemacht: »… aber als aufwendiges Spektakel im Glitzer-Zwischenreich von Rockmusik, Hollywood-Revue, Gesellschaftskritik, Politkarikatur und Kommerz hat das Unternehmen Schlüsselfunktion für die gegenwärtige Massenkultur.« (FAZ, 6. 3. 79)

Massenkultur – das ist genau der Dreh- und Angelpunkt, an dem sich **73** die Geister scheiden. Hinter dem Wort verbirgt sich die berechtigte Forderung nach der Kultur für Massen. Das ist nicht mit dem Verweis auf die innewohnende Tendenz zur Einebnung abzutun. Das Rockkonzert oder die Show als Verwirklichung massenhafter Bedürfnisse ist prinzipiell positiv. Die abgehobene Kritik an solchen Veranstaltungen meint dabei gar nicht die Darbietung schlechthin. Verrät sie nicht eher eine Verachtung der Massen? Die Protagonisten der »Dröhnland-Rock-Revue« weisen immer wieder darauf hin, daß sie sich mit solchen Aufführungen auch eine Demokratisierung des Kunstbetriebs vorstellen.

Udo Lindenberg zur Süddeutschen Zeitung:
»Wir wollen Schluß machen mit dem Sektierertum auf dem kulturellen Sektor, wir würden es sehr dufte finden, wenn auch Karajan in große Hallen gehen würde, da könnten die Eintrittskarten billiger, müßte der Kurs günstiger werden. Was uns betrifft, wir wollen nicht immer wieder uralte Inhalte mit neuem Ketchup übergießen, mit sehr teurem Ketchup. Wir wollen raus aus der Isolation.« (SZ, 22. 1. 79)

Das ist weit nach vorn gedacht und inzwischen Wirklichkeit geworden. Auch berühmte Orchester sind sich nicht mehr zu fein für große Konzerte auf Open-Air-Bühnen.

Also raus aus den kleinen Theatern und hin zu den großen Menschenmengen. Natürlich hat das seine Grenzen, aber die müssen mit einem solchen Unternehmen erst einmal praktisch ausgelotet werden. Der betriebene Aufwand ist enorm. Dabei sind zehn Musiker, sechs Darsteller, vier Tänzer, zwei Dutzend Techniker. Für das Equipment braucht man drei Sattelschlepper. Die Produktionskosten pro Veranstaltungstag betragen 70.000 DM. Dazu kommt als Gaststar Eric Burdon. Der Regisseur Peter Zadek bringt seinen Bühnenbildner Peter Pabst mit, der ihm schon bei den Hamlet- und Othello-Aufführungen zur Seite gestanden hat. Der Pantomime und Professor Samy Molcho choreographiert, für das Lichtdesign kommt Andre Diot aus Paris. Als konzeptioneller Berater steht Horst Königstein zur Verfügung, die Produktionsleitung teilt sich Udo Lindenberg mit dem Veranstalter Fritz Rau. Daß Skeptiker 1979 hinter dem Projekt gefährlichen Bombast vermuten, relativiert sich auf dem finanziellen und technischen Sektor aus heutiger Sicht. Das beschriebene Equipment und die Produktionskosten sind im Vergleich zu internationalen Acts am Ende der achtziger Jahre eher niedrig. Wer solche Schaustellungen aus dem Guckkastenformat eines kleinen Theaters auf weitläufige Spielstätten übertragen will, muß ein paar Dinge berücksichtigen. »Wir sind … in die ganz großen Hallen gegangen, und da muß man die Sachen sehr groß zeichnen. Also sehr große Bilder und Figuren und besonderes Licht und alles bringen. Vorderbühne, Hinterbühne und so die Technik, ne.« Udo L. registriert begeistert, daß man selbst bei den größten Veranstaltungen noch hätte anbauen müssen, um den Publikumsandrang aufzufangen. Doch da gibt es eine Schallmauer, hinter der sich die Schwierigkeiten zeigen.»Daß das ganze Unternehmen so zwittrig wirkte – was noch kein Nachteil sein müßte –, hängt mit den Produktionsbedingungen dieser Tournee zusammen. Das heißt, man braucht die Riesenhallen, in denen dennoch wesentliche Züge untergehen … Die Verstärker-Apparaturen werden derartig überstrapaziert, daß von den ohnehin nicht sonderlich ausgeprägten Feinstrukturen der Panik-Musik kaum mehr etwas, von den entschieden wichtigeren Texten Udo Lindenbergs schlicht gar nichts mehr zu vernehmen ist. Das hat fatale Folgen für die Rezeption des Ganzen. Der Bühnenaufbau ist ebenso simpel wie wirksam, würde er nicht durch die gewaltigen Dimensionen der Halle fast zum Puppenstubenhaften hin abgeschwächt.« (FAZ, 31. 1. 79)

Ein Produktionsaufwand, der sich durch Superhallen amortisieren muß, und die ins Auge gefaßte Demokratisierung – da fällt es sichtlich schwer, immer tragfähige Veranstaltungslösungen zu finden.

Zehn Tage wird an dem Spektakel in einer Turnhalle bei Hamburg geprobt. Werner Burkhardt, der übrigens den Covertext zu Lindenbergs LP »Daumen im Wind« verfaßt hat, bespricht für die Süddeutsche Zeitung am 22. 1. 79 die Premiere in Bremen. Unter anderem beschreibt er das Bühnenbild:»Links eine ziemlich breite Treppe, die von der Unterbühne zur etwas zurückliegenden Oberbühne führt. Unten rechts sitzt die Band. Oben wird vor wechselnden Projektionen agiert. Jede Stufe der Treppe kann bei Höhepunkten von innen beleuchtet werden … Auf zwei Ebenen, der optischen und akustischen, rollt also die Rock-Revue ab. Wenn man genau hinsieht, sogar auf drei Ebenen. Denn unten in der Halle, zu Füßen der Aktion, stehen die Besucher, trinken Bier aus Pappbechern, entzünden bei leisen Stücken Wunderkerzen, winken im Rhythmus, tanzen, sind durchaus Teil des Geschehens – eine Atmosphäre, wie sie in den Zeiten der Ersten Elisabeth im Globe-Theatre geherrscht haben könnte.« (SZ, 22. 1. 79)

Die Show beginnt. Auf der Leinwand sieht man eine Collage aus Werbung, Woodstock und Stummfilmen. Zu symphonischer Tonmalerei wird der Blick frei auf das eisige Dröhnland: Man hört bellende Schlittenhunde, Pinguine tanzen, weißer Nebel steigt auf, ein Eskimo erscheint – dann Udo Lindenberg im Mantel aus Eisbärenfell. Die musikalischen Hauptversatzstücke sind Songs aus den Alben »Dröhnland-Symphonie« und »Lindenbergs Rock Revue« sowie Lindenberg-Standards. Batman schwebt über die Bühne, dann erscheinen Elli Pyrelli, Rudi Ratlos und der Vampir. Ein Bilderbogen von Knutschszenen im Auto, Catcher als Kampf der Supermächte, Pas-de-deux, Peep-

Show, dann der zackig getanzte Mitmachersong »Guten Tag, ich heiße Schmidt« usw. Die Erwartungen der Öffentlichkeit sind außerordentlich hoch. Nicht zuletzt durch den lärmenden Vorausrummel in den Gazetten. Superlative werden in Aussicht gestellt. Die »Dröhnland-Rock-Revue« firmiert als Schulterschluß zweier Titanen. Da macht sich allenthalben Ernüchterung breit. »Hätte doch Zadek weniger auf die Pinguine gesehen und mehr auf Lindenberg, denn jetzt erweist sich, was der alles nicht hat. Die Monotonie des Outcasts trägt nicht eine 3-Stunden-Schau, der Aufforderungscharakter einer leicht asozialen Verweigerung wird nach dem fünften Song spätestens und dann endgültig langweilig.« (Vorwärts, 1. 2. 79)

Ist Peter Zadek die Sache zu guter Letzt aus dem Ruder gelaufen? Die Beobachter kommen auch zu anderen Einschätzungen. Getreu dem Motto, daß wohl der Regisseur der beste sei, den man nicht vordergründig wahrnimmt: »Zadek macht Musiktheater, musikalische Revue. Dabei ist die Sensibilität bemerkenswert, die theatralischen Ehrgeiz zugunsten des eher naiven Lindenberg-Pandämoniums auf die Realität einer reisenden Komödiantengruppe reduziert.« (Die Weltwoche, 24. 1. 79)

»Any press is good press«, mögen sich die Dröhnländer feixend sagen, denn nichts geht über eine mit zähem deutschen Naturell geführte kontroverse Debatte. So vermerkt der Rheinische Merkur: »… Allein: der Clou des Coups mit der Zadek-Inszenierung, die zu purem Eklektizismus gedieh und keinen anderen Sinn hatte, als die phonetisch angeheizte Stimmung durch visionäre Effekte zum Gefühlsbrand anzufachen, ist gelungen: Lindenberg hat die Ödlandschaft des Feuilletons mit Pop gedüngt. Man spendet Applaus.« (RM, 16. 3. 79)

Ob Ablehnung oder Billigung — einig sind sich fast alle in dem Urteil, daß Lindenberg, Zadek und die anderen viel Spaß an der ganzen Chose haben. Spaß hatte auch noch jemand, aber dessen Ansichten kommen bei solchen Auseinandersetzungen so und so zu kurz: »Daß Udo Lindenberg etwas erreicht, liegt sicherlich daran, daß seine Zuhörer spüren, daß er wirklich sie direkt meint, und daran, daß sie wiederum ihm glauben.« (SZ, 10. 4.79)

Fritz Rau

Wenn Udo Lindenberg auf diesen Mann zu sprechen kommt, schlägt er einen liebevollen, herzlichen Ton an, den man sonst selten von ihm hört. Fritz Rau, der die meisten Lindenberg-Tourneen veranstaltet hat, ist für ihn »so 'n bißchen der Übervater, der Pate hoch zwei. Schon lange dabei, der Überfuchs. Ein weitgerittener Indianer und 'n echter großer Impresario. Jemand, der nicht nur Eintrittskarten verkauft, … sondern einer, … der sich einklinkt, wenn 'ne Show inszeniert wird … Ein Mann mit großer Leidenschaft für Wort, Musik und Theater. Fritz Rau steht dann da am Bühnenrand und weint wie 'n kleiner Junge, wenn ich seinen Lieblingssong ›Bis ans Ende der Welt‹ singe … Wir hatten sofort so 'ne Seelenverwandtschaft, wie man sie mitunter mit völlig fremden Leuten erleben kann, denen man just begegnet. Fritz und ich haben von Anfang an eine Art Vater-Sohn-, aber auch eine Soulbrotherbeziehung gehabt. Fritz Rau hat sich stets in sehr korrekter Weise um mich gekümmert. Auch zu Zeiten, als meine Karriere nicht immer oben war.«

Fritz Rau hat den Journalisten Kathrin Brigl und Siegfried Schmidt-Joos 1985 seine Ansichten und Erinnerungen mitgeteilt. Dabei hat er Udo Lindenberg einen größeren Abschnitt zugedacht. Seine Gedanken, die mehr sind als eine höfliche Sympathiebekundung, können aus Platzgründen nur gekürzt wiedergegeben werden.

»Er ist wahrscheinlich der beste Balladensänger, den es in der Rockmusik gibt. Er singt die langsamen, erzählenden Songs gar nicht so gern. Aber er hat in diesen Liedern die Fähigkeit, Zärtlichkeit optimal in Gesang umzusetzen. Davon bin ich berührt.

Zudem hat er die Fähigkeit, Menschen durch Zuwendung für sich einzunehmen und sie für sich wirken zu lassen. Er schafft keine Abhängigkeiten, indem er Kommandos gibt, sondern indem er einem den Eindruck vermittelt, in diesem Moment der wichtigste Mensch auf der ganzen Welt für ihn zu sein, ohne den er die nächsten Stunden nicht überstehen könnte. Er fordert in mir ohne Unterlaß den Beschützer und Ratgeber heraus.« Die erste gemeinsame Arbeit ist die Tournee »Panische Nächte« von 1978. Dann folgt die »Dröhnland-Rock-Revue«. Da das Finanzierungsrisiko für die Show sehr hoch ist, unterbreitet Udo Lindenberg seinem Veranstalter eine ungewöhnliche Offerte: »›Das ist eine Situation, in der ich keine Garantiesumme haben möchte. Diese Tournee erfüllt mir einen Traum. Ich schlage vor, daß wir uns den Gewinn, aber auch das Risiko teilen.‹ Dieses Angebot hat mich völlig fertiggemacht. Als Höchstes kann ich von einem Künstler erwarten, daß man sich am Ende der Tournee den Überschuß teilt. Aber daß ein Künstler nicht nur auf die Garantie verzichtet, sondern auch noch mit ins Risiko geht, war mir mein Leben lang noch nie passiert.

Zu den ganz großen Vorzügen von Udo Lindenberg, die man psychologisch gar nicht überbewerten kann, hat immer gehört, daß er sich mit der besten gerade verfügbaren Mannschaft umgibt. Das ist in der Öffentlichkeit manchmal mißverstanden worden. Er hat Eric Burdon in seine Show geholt und ihm im besten Teil des Konzerts drei Songs zugestanden. Darunter war Erics berühmtes ›House Of The Rising Sun‹: drei Überflieger. Danach schrieben ein paar Journalisten, die nichts verstanden hatten: Lindenberg wird auf seiner eigenen Tournee an die Wand gesungen – zuerst von Eric Burdon, später von Gianna Nannini (1983, d. A.) und Helen Schneider (1980, und Lisa Dalbello 1985, d. A.). Jeder würde erwarten, daß wir nach Eric Burdons Auftritt Udo jetzt hochkochen. Wir machten das Gegenteil. Udo kommt, ganz allein auf die Bühne getorkelt. Kein großes Bühnenlicht, ein Spot und sonst nichts. Jean-Jacques Kravetz sitzt irgendwo im Dunkeln an einem akustischen Klavier, mehr Band gibt es nicht. Udo singt ›Bis ans Ende der Welt‹.

Ich sagte: er torkelte. Das hat nichts Abwertendes, es beschreibt lediglich den Stil, der von Kritikern allerdings mehr als einmal abgewertet worden ist. Udo ist von Hause aus Schlagzeuger. Er hat ein ganz besonderes und nur ihm eigenes Verhältnis zur Schwerkraft, auch zum freien Fall. Ja, er fällt manchmal vorsätzlich – früher, als er noch Alkohol trank, auch schon mal im Suff – auf den Boden.

Dann steht er wieder auf. Das geht eins, zwei, drei, vier – genau auf dem Beat, und genau auf der Vier ist er wieder da, wo er hinwill.

Udo hat mir den Mut gegeben, auch in künstlerischen Bereichen kreativ zu denken – nicht mehr nur als Kaufmann, als Buchhalter, PR-Mann oder Tourneeplan-Stratege, sondern auch mal im Proben- oder Plattenstudio zu sagen: ›He, Udo, das gefällt mir, und das gefällt mir nicht.‹ Dritte Personen wundern sich oft, daß wir über offene Fragen überhaupt nicht diskutieren, sondern daß lediglich einer von uns beiden ein Statement abgibt, das dann für beide gilt. Kein Wunder: Wir hatten uns ja angeguckt.«

(K. Brigl/S. Schmidt-Joos, Fritz Rau – Buchhalter der Träume)

Bis ans Ende der Welt

Wenn du mich so ansiehst
fällt mir nichts mehr ein
wenn du willst, dann nimm mich
es kann für immer sein
ich geb' dir alles, was ich bin
das ist mein Versprechen
jeder Tag ohne dich ein Verbrechen

Ich liebe hohe Spannung
und stehe meistens unter Strom
und die Hochzeit feiern wir

in Panik-Manier im Petersdom
und meinetwegen 13 Kinder
alle total verrückt
oh, Babe, Babe, nimm mich in deine Arme
oh, Kleine, ich bin absolut verzückt

Nur zu dir fallen mir solche schönen Träume ein
ich will jede Sekunde nur noch mit dir zusammen sein
bis ans Ende der Welt, wenn es das gibt
halt mich fest, mir wird schwindlig
ich bin so sehr verliebt

Ich brech' die Herzen der stolzesten Frauen ...

Die intimen Beziehungen Udo Lindenbergs sind seine Privatangelegenheit, die Dokumentation seiner Affären ist überflüssig. Dagegen sind Udo L.s Mitteilungen über Liebe und Frauen und die Reflexion dieses Stoffes in seinen Texten entschieden interessanter.

Wenn Udo Lindenberg über Frauen und Liebe spricht, hat er gute Grundsätze: »Erst einmal lege ich Wert auf die Feststellung, daß ich Menschen sehen möchte und dann, ob es eine Frau oder ein Mann ist. Ich hab' den Wunsch, mit Menschen freundlich und freundschaftlich umzugehen. Viele Begegnungen sind flüchtig, auch mit Männern.« Aber dann fangen die Schwierigkeiten schon an: »Und wenn's um die große Liebe geht, dann bin ich einigermaßen streßerfahren. Diesen Streß kann jemand in meinem Beruf sich nicht erlauben.« Daß sein außergewöhnlicher Beruf eine tiefe und feste Bindung nicht zuläßt, klingt eher wie eine Schutzbehauptung. Glaubwürdiger scheint die Furcht vor Abhängigkeit. »Nein, mit der richtigen großen Liebe kann ich nicht besonders cool umgehen, aber mit dem Problem bin ich ja wohl nicht ganz alleine. Gerade weil ich so 'ne Angst hab' vorm Ausgeliefertsein an Beziehungsberechtigte, mein Wohl und Wehe in der Hand eines anderen Menschen, lass' ich mich nur alle fünf Jahre mal auf das große Hosianna ein.« Nach seinem Rollenverständnis gehört ein immenser Verbrauch von Frauen einfach dazu. Rock 'n' Roll und vordergründig ausgestellte Sexualität sind nicht zu trennen. Hier gilt der gleiche symbolhafte Wert wie für die Gitarre. Sexualität und Erotik sind in der Denkungsart der Szene durchaus als Legitimation für die Vollwertigkeit eines Rockmusikers aufzufassen.

Wenn Udo seine schnellen Abenteuer und seine behauptete Achtung vor der Würde des Menschen in Einklang bringen will, gerät er unversehens in Argumentationsnot. »Die Frauen werden von mir immer ganz klar informiert über das, was anliegt, womit man rechnen kann und was man nicht erwarten sollte. Es gibt da völlig klare Schmuse- und Sexy-Bekanntschaften, und da soll dann auch nicht mehr passieren, und da will ich dann auch nicht zu einem riesigen Nachspiel verpflichtet sein, so 'ner zärtlichkeitsbetonten Marathonstrapaze durch die ganze Nacht, bis dann der Morgenmond wieder durchscheint. Da wird dann einfach ein schönes Taxi bestellt, und dann soll sie auch wieder weiter. Dann muß ich meditieren oder schlafen, anschließend, denn am nächsten Morgen muß ich dann ja im Fernsehen auch wieder richtig gut aussehen und fit sein. Vernünftige Gespielinnen verstehen das und machen mir dann keinen Streß. Tun sie's doch, werd' ich sauer und reiß' die Karte von meinem Anwalt Dr. Easymann raus — alle Kassen zugelassen.« Wer will danach schon noch glauben, was Udo, wie um sich selber zu beruhigen, an Versicherungen abgibt: »Ich hab' an meinem Weg zwar manche businessmäßigen Leichen liegen, Psychoterror etc., aber Leichinnen der Liebe sind nicht drunter, geknickte Seelenwracks habe ich nie zurückgelassen.«

Interessant ist es sicher, wie Udos Texte auf Mädchen und Frauen wirken. Auch in diesem Punkte wird es eine Vielfalt von Ansichten geben, hier sei die einer Udo-»Fanin« skizziert:

»Ich denke, daß Udo in seinen Texten Klischees bedient, weil er Lieder für jeden machen will. Ob das nun für die Omi, den Homosexuellen, die Sexy-Kuschelmaus oder für die selbstbewußte junge Frau mit Kopf ist. Ich kann nicht sagen, welches Verhältnis er wirklich zu Frauen hat — er ist als Subjekt in seinen Texten nicht eindeutig auszumachen. Udo rangiert da auf verschiedenen und ausgefahrenen Gleisen, zum Beispiel, wenn er sich den Nimbus des alten Mädchenaufreißers erhalten will. Ob er sich da oft allein vorkommt? Dann hätte er mein Mitgefühl. In den Texten finden sich aber auch Spuren, die von einem Udo erzählen, in dem hinter diesem ganzen Hokuspokus der Wunsch nach einer echten, tiefen Liebe steckt. Durch viele seiner Songs zieht sich wie ein roter Faden diese immerwährende Sehnsucht. Und ich denke, man kann diese glaubhaft gute, emotionsbetonte Liedstrecke nicht durchhalten, wenn man nicht eine kleine private Insel für sich gerettet hat. Und das verstehe ich, als Fan und als Frau.

Ich hoffe, daß sich aus Lindenbergs Texten nicht linear seine Haltungen zu Frauen ableiten lassen — er ist mir nur als Star, nicht als Privatperson bekannt —, denn sonst ließe sich sagen, daß Frauen bei Udo in der Regel stagnieren und zum häuslichen Bereich gehören, nicht aus Konventionen ausbrechen können, die an sie gestellten Ansprüche nicht durchhalten, lediglich eine unausgesprochene Sehnsucht in sich tragen.

In ›Meine erste Liebe‹ wird das Versagen der Frau offenkundig:

…Und jetzt treff' ich dich zufällig wieder
in der Schnöseldorfer Plastikallee
und ich merk', daß ich inzwischen
doch schon ganz schön drübersteh'
wir reden ein paar Takte
doch du hast nur noch Small-Talk drauf
und dein Modekasper
fordert dich zum Weiterschlendern auf …

… es schmerzt ein bißchen, ich seh'
dein Gesicht ist vom Spießertum gezeichnet
und als Droge bist du leider
überhaupt nicht mehr geeignet! …

Allein Panik-Udo hält den als antibürgerlich erkannten Weg durch, immer schön wild und auf der Rolle.

Und wenn ich sechzig bin
bin ich zwar
ein graumelierter Rock-Opa
wenn's geht ohne Kalkwerk im Kopf
und dann spring' ich auf die Bühne
und zeig' den Jungs
wie wild die Siebziger waren
und sie sagen: Ganz schön verrückt —
immer noch crazy nach all den Jahren.

(aus: ›Immer noch verrückt nach all den Jahren‹)

Natürlich gibt es auch andere Texte, in denen zum Beispiel das gemeinsame Altern mit einer Frau beschrieben wird oder der Umgang mit einem 14jährigen Mädchen. Sensible, schonende Texte. Wenn Udo nicht permanent Antworten parat hat, wirken die Lieder auf mich schlagartig empfindsamer und ehrlicher. Zum Beispiel bei ›Bis ans Ende der Welt‹ entwickelt er eine außerordentlich zärtliche Kraft, den Song halte ich für einen der besten. Ein verwundbarer, leiser Udo ist bis zur Hilflosigkeit verliebt! Diese Sehnsucht nach Wärme und Geborgenheit, diese aus der Kontrolle geratene selbstlose Schwäche überzeugt mich, weil sie menschlich ist. Wenn die Texte emotional rüberkommen, nicht mit der direkten Bewertung einer Frau, und Udo auch einmal der Verlierer ist, berühren sie mich.

... Ich lieb' dich überhaupt nicht mehr
das ist aus, vorbei und lange her
endlich geht's mir wieder gut
und ich hab' jede Menge Mut
und ich steh' da richtig drüber ...

... nur, wenn ich manchmal nachts nicht schlafen kann
geh' ich in die Kneipe und sauf' mir einen an
was redest du, da wär' so 'ne Trauer in meinem Gesicht
was für 'n Quatsch –
das ist doch nur das Kneipenlicht ...

(aus: ›Ich lieb dich überhaupt nicht mehr‹)

Davon wünschte ich mir mehr. Ich mag den Kerl, wenn er auf der
Bühne steht und die Augen verdreht, aber muß er denn immer wieder
beweisen, daß die ›alten Werte‹ immer noch gelten und daß man ewig
gut drauf sein kann? Immer wieder werden in den Texten alte Positionen aufgerufen und für gültig erklärt. Wohin das führen soll, weiß ich
nicht. Aber ›Hermine‹ wäre sicher eine Chance gewesen, etwas
Neues aufzubauen – die hat er bis jetzt noch nicht genutzt.«
(aus einem Gespräch des Autors mit Karla Götz)

Frauen

Kennst du das auch?
Für 'ne Sekunde
siehst du SIE
und rastest aus

Sie ist eine von den großen Zauberinnen
und dein Herz macht
Bumbidumbidibububum
Wat 'n Gefühl!
Schon taucht sie unter im Großstadtgewühl
Und du denkst:
Muß das denn sein?
So ein Frust?
Dabei hätt'st du auf sie nun gerad' so eine Lust

FRAUEN
denkt ein jeder Mann
SCHADE

daß man sie nicht alle lieben kann
FRAUEN
denkt ein jeder Mann
SCHADE
daß man sie nicht alle haben kann
Es ist wie beim Roulette
C'est la vie
Alle Nummern auf einmal
gewinnst du nie
Du setzt auf die eine
die andern passé
das tut weh –
das tut so weh ...

Und stell dir mal vor:
Du wärst geborn
mit Mandelaugen
und gelben Ohrn
Irgendwo in China
Uh – was gibt's da Frauen!
Uh – was gibt's da Frauen!
Oder irgendwo am Bosporus
wo du ohnmächtig wirst
von jedem Kuß
Du kriegst
vom türkischen Honigweib
mit dem Munde gemalt
auf den nackten Leib:

FRAUEN

SEXIST RAP
... und ich hielt sie fest in Budapest
... die Oberhammerfrau aus Oberammergau
... und in Gummersbach sagte sie: ACH ACH ACH
... und am Taj Mahal sagte sie: NOCH EINMAL ...
... ja, und in Malmö-Nord, da lief es auch sofort ...
... und Miss Austria, die's dann doch nicht war ...
... schnell nach London dann, da liegt nun gar nichts an ...
... zu kurz in New York City, – what a pity ...
FRAUEN
WOMEN WOMEN
WE WANT WOMEN

83

Wann eigentlich kann man davon reden, daß jemand ein Popstar ist? »Wenn schon eine Anzahl Fans vorhanden ist (Fan-Klubs), überdurchschnittliche (100 000) Plattenauflagen schon erreicht wurden und die personality des Sängers nicht mehr erprobt zu werden braucht, da er einen festen Marktwert hat.« (B. Busse, Der deutsche Schlager) Ein Künstler mit diesem Status nimmt automatisch eine Leitbildfunktion wahr. Seine Fans spiegeln sich in ihm und möchten so sein wie er. Aber dem Star werden auch unerreichbare Lebensverhältnisse und außergewöhnliche Eigenschaften zugebilligt, quasi als Lohn für seine Mühe. Außerdem würde er seine Leitbildfunktion einbüßen, hätte er dieses überhöhende Moment nicht an sich.

Diesem Mechanismus kann sich auch Udo Lindenberg nicht entziehen, selbst wenn er fordert: »Folgt nicht mir, folgt euch selbst! Sucht euch nicht in mir, sucht euch in euch selbst!«

Natürlich muß der Star Gemeinsamkeiten mit dem Publikum vorweisen können. So etwa gleiche Interessen oder ähnliche soziale Herkunft. Udo Lindenberg gibt in Gesprächen gern an, daß er Prolet sei und stellvertretend für die, die das nicht können, einen Kampf gegen die »Drosselbart-Fabrikbesitzer« führe. Es sei daher nur ausgleichende Gerechtigkeit, wenn er den Konzernherrn so viel Geld wie möglich abnähme.

Udo L. mit seiner vorgeblich proletarischen Herkunft sieht sich als Interessenverwalter der Sehnsüchte und Wünsche seiner Fans. Zwar hat der Star als Sender immer den aktiven Part, aber zwischen ihm und den Käufern von Schallplatten und Eintrittskarten existieren Wechselwirkungen. »Idol und Fan können in ihrem Verhältnis zueinander als zwei Variable angesehen werden, die sich gegenseitig bedingen. Der einzelne Jugendliche hat keine direkte Wirkung auf den Star, sondern dies ist nur in der Gruppe der Fans möglich.

So modifiziert sich das Verhältnis dahingehend, daß der Star auf den einzelnen wirkt und ihn beeinflußt, er aber nur von der Menge zu verändern oder zu regulieren ist.« (B. Busse, Der deutsche Schlager) Und diese Menge kann mit gebremstem Kaufverhalten reagieren, wenn ihre Erwartungen nicht erfüllt werden. Wohl auch aus diesem Grunde setzt Udo Lindenberg beharrlich auf das alte Image, das sich bislang als tragfähig erwiesen hat. Es ist Wunschdenken und nur scheinbar richtig, wenn Udo sagt: »Ich hab' es geschafft. Ich bin von Beruf Udo Lindenberg. Meinen Job gibt es nur ein einziges Mal in der Welt. Ich kann von Beruf ›ich selbst‹ sein. Ich kann machen, was ich will. Ich brauche keine Künstlernamen. Ich habe keinen Manager und keinen, der mir irgend etwas erzählen kann. Über mir sind nur der freie blaue Himmel und das deutsche Finanzamt. Jeder müßte so leben können ...«

Es gehört zu den Irrtümern des sozialen Aufsteigers, daß er finanzielle Unabhängigkeit und Erfolg mit Freiheit verwechselt. Der erweiterte individuelle Handlungsspielraum in künstlerischer und ökonomischer Hinsicht entläßt ihn nicht aus Abhängigkeiten – zum Beispiel vom Publikum oder von der Plattenindustrie. Udos Unabhängigkeit reguliert sich über die Absatzzahlen. Selbst wenn man glaubt, daß er relativ unbeeinflußt seine Produkte herstellt, ist das nur so lange gültig, wie der Verkauf gesichert ist. Am Verkauf seiner Erzeugnisse hat Udo ein vitales Interesse. »Immer viel Kohle zu verdienen« ist eine seiner wichtigsten Maximen. Aufsässig sein, soziale Ansprüche des Publikums ausdrücken, immer unabhängig und unterwegs sein, politisch aktiv, verrückt und unangepaßt sein, Jugendkonflikte in Schule, Betrieb und Elternhaus formulieren, Umweltbewußtsein demonstrieren, Power haben – all dem mag eine ehrliche Überzeugung zugrunde liegen, trotzdem funktioniert es in dem geschilderten Wirkungszusammenhang als Image. Fans, die sich in diesen Eigenschaften und Aussagen wiederfinden, werden sich einem solchen Manne gern zuwenden. So ist Udo das Sprachrohr einer größeren Gruppe mit ihren Träumen und Forderungen, und die Gruppe erwartet von ihm, daß er eine Rolle spielt, hinter der der Mensch Udo verschwindet. Natürlich ist ihm das nicht entgangen und aus dem Gegensatz zwischen Rolle und Mensch hilft er sich mit einem Trick:

»Sicher ist mein Leben eine Art Rolle, und ich finde die Rolle gut. Obwohl es streckenweise hart ist. Natürlich bin ich immer irgendwie im Dienst, aber ich habe auch private Nischen – doch auch da bin ich nicht wesentlich anders als sonst. Wenn ein Mensch und eine Rolle sich treffen und man findet es gut, dann lebt man das.« Was aber, wenn man sich aus dieser Rolle nicht mehr herausfindet? Oder keiner will die Rolle mehr sehen und hören? »Das würde für mich ein Problem werden – die Einsamkeit, wenn das mit der Musik, den Platten und den Tourneen nicht mehr funktionieren würde ...« Natürlich muß man in der Rolle ein bißchen biegsam sein, will man die einmal errungene Position halten. Bei aller Entscheidungsfreiheit muß man Rücksicht nehmen: »Ich bin sicher kein Genie, aber ich hab' eine sichere Nase für das, was die Leute wollen. Im Moment läuft überall die Nostalgie. Da steig' ich eben mit ein. Aber ich versuche, mich mit Trends auf kritische Art auseinanderzusetzen.« Lindenberg hat die Spielregeln des Marktes für sich akzeptiert. Für die Industrie ist gleichgültig, ob sie mit Belanglosem oder mit Kritischem ihr Geld verdient. Sie hat keinen gesellschaftlichen Anspruch in sich. Auf der Bühne antibürgerlich, handelt Lindenberg in seinen Arrangements mit der Industrie letztendlich systemkonform. Die »Unangepaßtheit« findet in den vorgesehenen Strukturen statt. »Es ist eine systemimmanente Angelegenheit, wenn man mit solchen Firmen kooperiert – das weiß ich auch! So läuft die Gesellschaft hier.« Der kommerzielle Erfolg des Popstars läßt Zweifel an der Glaubwürdigkeit seiner politischen Ansichten aufkommen: »Einmal in fünf Jahren eine Imagepflegeveranstaltung, und die versammelte Linke fällt darauf herein. Genauso, wie Herr Lindenberg sich früher über Hecks Hitparade mokierte, so sollte man die Wirklichkeit dieses Mannes hinterfragen: 25 Mark Konzerte mit Lippmann und Rau anstatt in Jugendzentren dokumentieren ›linkes‹ Bewußtsein. Millionen-Deals mit TELEFUNKEN machen ihn als Jungunternehmer wie geschaffen für ›Rock gegen Rechts‹; seit Jahren neunzehntel nichtssagende Texte und Musikhülsen: wegweisend fürs ›alternative Kulturgut‹! Au weia, au weia!!« (TAZ, 28. 6. 79)

Es ist Unsinn zu unterstellen, daß jemand in der Lage Udo Lindenbergs keine linken politischen Ansichten vertreten könne und Veranstaltungen wie »Rock gegen Rechts« für erfolgreiche Künstler nur Trittbrett sind. Aber das Konfliktfeld des etablierten Stars, dessen Lebenssituation eine andere ist als die seiner Fans, wird sichtbar. Wenn Udo das Wort »wir« sagt, dann schwingt immer sehr viel Eigeninteresse mit.

Udo Lindenbergs politische Überzeugungen als reine Marktstrategie zu denunzieren hieße, die Zusammenhänge nicht klar zu erkennen. Sein Engagement funktioniert auf dem Markt, und es gehen Impulse von ihm aus, die von vielen gehört werden. Und die, die ihm zuhören, hat er immer versucht, mündig zu machen. An Udo L., dieser sonderbaren Mischung aus Radikaldemokrat und Selfmade-Aufsteiger, Arrangement und Ablehnung in einer Person, kann man sich kräftig reiben. In der Synthese einer sozialen Gesellschaft mit dem »Amerikanischen Traum« versucht er, diese zwei Seiten in seiner Person mal wieder unter einen Hut zu bringen. »Wenn man sich all den Luxus holt, auf den man Bock hat, ist das völlig in Ordnung. Da bin ich geprägt vom amerikanischen Traum, daß jeder, der Erfinder ist und nach vorn geht, auch die Möglichkeit haben soll, mehr zu verdienen als andere, die auf schlaffe Fliege machen. Zwar nicht auf Ellenbogen, auf brutal oder Leute platt machen, sondern mit der nötigen Sensibilität. Wenn ich viele Platten verkaufe, kriege ich dafür viel Geld. Was soll ich denn damit machen, etwa alles zurückschicken? Viele halten das für einen Widerspruch: Wenn ein Punk Millionär ist, kann er kein Punk mehr sein. Ja, wieso soll er denn sein Punkertum aufgeben, wenn so einer aus 'ner Limousine rausfällt, mit 3 km Dollarnoten in der Tasche, dann hab' ich überhaupt nichts dagegen. Die Frage ist, was er mit der
86   Kohle macht.« Auf den Einwand, ob der amerikanische Traum tat-

sächlich so lebenswert ist, reagiert er dann doch recht unentschieden. »Ja und nein. Weil die meisten, die den amerikanischen Traum leben, sehr brutal mit dem Umfeld umgehen. Da geht es nicht um Menschen, sondern um Kampf – das finde ich zum Beispiel gar nicht so gut. Und deswegen habe ich gesagt: sensibel mit den Leuten umgehen und sich irgendwie auch an so 'n Spruch halten, wie er im Grundgesetz drinsteht bei uns: nämlich, daß Eigentum verpflichtet. Du mußt deine Mittel auch für humanitäre und soziale Zwecke zur Verfügung stellen. Aber wenn du Bock hast, kannst du 'n großes Auto haben, im Hotel leben und Champagner saufen. Was meinst du, weswegen in der DDR viele Leute so durchhängen? Weil sie nie die Möglichkeit haben, an ein paar Mark mehr ranzukommen. Ich finde, eine Ratte von der Straße muß auch die Chance haben, was durchzusetzen. Individualität ist das höchste Gesetz.« Hier tut sich die Frage auf, ob eine Gesellschaft wirklich gut verfaßt ist, die solche Normen setzt, und Udo antwortet: »Das ist ja nicht mehr so wie im Wilden Westen, wenn ich so einen Begriff benutze wie den amerikanischen Traum, der vor 150 Jahren entstanden ist. Das soziale Netz ist in den USA ja noch nicht so ausgebaut – ich meine nicht die unsoziale Gesellschaft.« Die Konturen des Lindenberg-Bildes bleiben immer unscharf. Diese Doppelbödigkeit, man fühlt sich an seine Bemerkung von der »Doppelmoral des Popstars mit sizilianischem Feinschliff« aus »El Panico« erinnert, darf für die Außenwelt natürlich nicht sichtbar werden. Es gehört zu Udos Selbstverteidigungstaktik, vordergründige Schwachstellen in grellen Farben mit auf die Fassade zu malen. Durch die Überzeichnung sind die Risse nicht sofort erkennbar. Der Popstar darf zwar mal ein paar Probleme und Krisen haben, dafür ist er ja Mensch, aber als Gesamteindruck soll immer der intakte »Alles unter Kontrolle«-Typ übrigbleiben, der in jedem Fall weiß, wo's langgeht. Darum kann Udo auf die Frage, ob er Selbstzweifel kennt, nur unmißverständlich mit »Nein!« antworten. Was sich hinter dieser Dauerinszenierung »Popstar« abspielt, weiß nur Udo allein.
Die Anschaffermentalität und das aufrichtige politische Engagement gehören gleichermaßen zu Udos Person, und das eine schließt das andere nicht mit der von der TAZ behaupteten Folgerichtigkeit aus, aber gelegentlich entstehen Situationen, in denen wohl keiner mehr exakt sagen kann, woran er mit Udo gerade ist. Diese Mehrdeutigkeit verschweigt Udo nicht. »Ich bin eine ambivalente Erscheinung. Der amerikanische Traum hat mich ziemlich fasziniert, schon als ich ein ganz kleiner Junge war. Trotzdem, wenn du die Summe meiner Arbeit siehst, also die Songs und an welchen politischen Angelegenheiten ich mich beteiligt habe und was dabei rausgekommen ist, dann glaube ich, ist das nicht wenig.« Tatsache bleibt, daß Udo sich immer

als jemand begriffen hat, der die Macht der Herrschenden in Frage stellt, die seiner Meinung nach im Unterschied zu ihm ihr Geld auf unredliche Weise verdienen. Er will klare Köpfe und Solidarität der Beherrschten. Hier sieht er für den Popstar eine Verantwortung, die er nicht mißbrauchen darf. Dem positiven Helden in »Gene Galaxo« steht die korrumpierte Kreatur gegenüber, die als Handlanger der Mächtigen die Menschen in dumpfer Blödheit hält. Er geht sogar noch einen Schritt weiter und ersetzt den Menschen durch einen Automaten. Udo zieht eine scharfe Grenze zwischen sich und den sogenannten Schlagersängern. «Die zahlen sich selber immer nur das Schweigegeld aus, halten sich am besten aus allem raus, machen den Entertainerkasper und sind genau so schlaff wie ihre gestörten Fans.« Demgegenüber hat ein Popstar wie er »keinen Respekt vor der Naffelgesellschaft, kann seinen ›Leckt euch selber‹-Weg auch gnadenlos gehen und wird für seine Unverfrorenheit auch noch satt bezahlt«. Die Naffel, denen der Kampf angesagt wird, »sind die stummen Mitmarschierer, Leute, an denen das Leben vorbeizieht – und die nie fragen, warum«.

Gene Galaxo

a)
1990 gab es einen Sänger
jedes Kind und jeder alte Mann kannte seine Songs
in jedem Haus gab's Platten
Cassetten und Video-Filme von ihm
in jedem Wohnsilo gab's ein Fanbüro
und alle liebten ihn

Seine Poster gab's millionenfach
wenn die Frauen ihn sahen, wurden sie schwach
und bei vielen Männern wurden seltene Gefühle wach
das Volk hing an seinen Lippen
wenn er sang oder sprach

Er erzählte in seinen Science Fiction Liedern
von der Ruine New York City
und vom Atomkrieg aus Versehen
er sang von den Selbstmordwellen
in den Ghettos der Automatenstädte
und von der Sexualroboterin Amoureen
er brachte seine acts im Fühlkino und im Satelliten-TV
er sang im Radio den Kriminaltango

von·der US-Gangsterdemokratie
er sang vom Massenknast in Moskau
von dieser ganzen beknackten Szenerie
er sagte: Seht, es regiert euch die Schizophrenie
in der einen Hand die Planeten
in der anderen Hand die MP
ihr steht mit einem Bein im Marskanal
mit dem anderen im Neandertal!

Zu jedem Konzert kam ein riesiger Pilgerzug
bald waren die Fußballstadien nicht mehr groß genug
es war wie eine Epidemie
mit seiner Show und seiner Musik
und bald war er zu mächtig
für die Herren von der Politik —
die Regierungscontrollettis
und auch der Märchenprinz vom Vatikan
boten ihm 500 Millionen an:
Seien Sie doch unser Mann!

Anruf des US-Präsidenten:
This is the President of the United States
I've heard a lot of what you're doing
I'd like to offer you an invitation to
the White House. Me and my wife, we'd like
to have cocktails with you and — maybe 500 Million
Dollars? — What do you say?

Der Papst: Le cerciamo un posto in paradiso!

Der Sänger: No!

1990 gab es einen Sänger
den man eines Abends beim Auftritt erschoß
in der Tagesschau log ein Mann vom Staat:
Ein geisteskranker Fan verübte dieses Attentat!

b)
Der Mutant:
Schnell fabrizierte die Regierung
einen neuen Held
in der Retorte wurde
Gene Galaxo hergestellt

dieses Musikgenie aus der Biochemie
war bald aktionsbereit und bühnenklar
Gene Galaxo, der Mutant aus der Serie X5A
war bald der neue Übersuperstar
unschlagbar in der Musik
nicht interessiert an Systemkritik
der Präsident hat ihn persönlich programmiert
er hat das Aussehen, das die Leute
gut finden heute
er bringt die Show, die sie total fasziniert

c)
(Auftritt Gene Galaxo)
Leute, die Welt ist prima!
Schön ist es auf der Welt!
lalalalalala
die uns so gut gefällt!

Früher gab's ein Wort, das hieß ›Problem‹
das strichen wir aus dem Vokabular
heute ist das Leben ja so angenehm
nicht wahr? Ja ja! Nicht wahr?!

Panische Zeiten

»Ich gehe ganz sicher davon aus, daß ohne Neigung, sich selber zu feiern, eine große Popstar-Karriere nicht stattfinden kann. Dazu gehört auch die absolute Unbescheidenheit.« Das mag schon sein, aber diese unbescheidene Feier des eigenen Ichs findet oft mit einem derartigen Getöse statt, daß einem die Ohren dröhnen. Bei jemandem, über dem nur der blaue Himmel und das deutsche Finanzamt sind, vermutet man doch eher in sich ruhende Größe? Oder irritieren ihn die über ihm schwebenden Stars aus Amerika und England, die die ganze Welt kennt und zu denen Udo nie gehört hat? 1974 antwortet er der Deutschen Zeitung auf die Frage, »… ob er ein Weltstar werden wolle, … schlicht mit ›ja‹. Und auf die ergänzende Frage, ob er sicher sei, Weltstar zu werden, nickt er durch die schulterlangen, müden Haare ein äußerst selbstsicheres ›Aber klar‹.« (DZ, 25. 10. 74) Da das nicht geklappt hat, beklatscht er um so lauter den nationalen Erfolg. Den will niemand schmälern, aber der vergleichsweise dazu entfachte Lärm hat einen Zug ins Komische. Die von den »Oberstars« geliehenen und kultivierten Marotten passen dem Udo manchmal wie eine zu

groß geratene Jacke. Hauptzweck der umtriebigen Medienkampagnen ist es natürlich, die Karriere tüchtig anzukurbeln. Dazu ist Udo in den ersten Jahren jede Zeitung, ja selbst der Kampfstil des Boulevard-Journalismus, recht. »Heute ist das nicht mehr so schlimm«, schränkt er ein, aber mindestens war es schlimm. Udo L. schimpft immer wieder auf die »Presseschmierer«, die Skandale erfinden, trotzdem macht er sich jeden dienstbaren Helfer zunutze, da nimmt er es nicht so genau. Ganz nach dem Geschmack der »Yellow-Press« wird zu Udos 33. Geburtstag eine Glitzerparty in Las Vegas gefeiert. Die Berichte finden sich hinterher zwischen Kochrezepten und Horoskopen, so recht angetan für die Förderung kritischen Bewußtseins. Genau wie die von ihm angefeindeten »Entertainerkasper« ist er disponibel für jene Gazetten, deren Botschaft die fröhliche Schlaftablette ist. Selbst wenn er heute eine andere Einstellung dazu hat – die Tatsachen lassen sich nicht beschönigen. Zu Steve Peinemann, der ihn daran erinnert, daß er sich einspannen lassen hat, sagt er: »Ich hab' mir einfach gedacht, die Leute müssen erfahren, daß es mich gibt, daß es so einen Antityp gibt und auch ein Antiprogramm zu den Schlagern und dem Käse, der in unheimlichen Mengen auf dem Markt ist. Da muß die Alternative her. Die muß man auch richtig puschen. Da habe ich eben diverse Tricks für legitim gehalten und die Spielchen mitgespielt. Viele Leute lesen zum Beispiel ausschließlich Bravo. Oder viel zu viele lesen nur die Bild-Zeitung, so traurig das ist. Die beziehen alles nur aus solchen Blättern. Diese Leute sollten aber auch erfahren, daß es da einen Lindi gibt und ein PANIKORCHESTER ...« Die Geister, die er rief, wird er nur schwer wieder los. So fragt das Nachrichtenmagazin Der Spiegel 1977: »Herr Lindenberg, in den letzten Wochen häufen sich Presseberichte über Prügeleien in Ihren Konzerten und Exzesse in Hotels und öffentlichen Restaurants. Haben Sie das gemeint, als sie kürzlich verkündeten, es käme jetzt darauf an, mal wieder Randale zu machen? Lindenberg: Ich habe nicht von der Randale mit der Faust gesprochen, mir geht es um die Randale im Kopf. Mir scheint, daß sich die Leute heute lieber in eine geistige Hängematte legen und sich scheintot stellen, statt sich gegen Situationen aufzulehnen. Zivilcourage und Kreativität werden an der Garderobe abgegeben. Wir steuern auf Schlappland zu.« (Spiegel 12/77)
Auf die vom Spiegel erwähnten Presseberichte geht Udo nicht weiter ein. Im »El Panico« liest man dazu einen Satz: »Na ja, manchmal gab's da schon so was wie Ventil aufmachen und abreagieren nach dem Konzertstreß, denn der ist ja auch manchmal wirklich heavy und erfordert ständige Disziplin.«
Zu Udos verständlichem Zorn fabuliert die Regenbogenpresse dreist drauflos und erfindet Schauermärchen.

... und dann geht das Telefon
und die Presse wartet schon
auf 'nen neuen Skandal
oder irgend so 'n Kommerztheater
Sie verkaufen seinen Kopf und seine Gefühle
täglich Stück für Stück
doch was nützt ihm das Konto
er fühlt sich allein
und was er gibt, kriegt er nie zurück.

(aus »Höllenfahrt«)

Der Mangel an Selbskritik hindert ihn an einem Eingeständnis: Auch
Udo L. hat sich – vor allem in den ersten Jahren seines Erfolges – in
diesen Niederungen gebrauchen lassen.
Das öffentliche Bekenntnis zu seinen Fehlern ist nicht gerade seine
stärkste Seite. Es wird nie so recht deutlich, daß auch er eine Entwicklung durchgemacht hat, in deren Verlauf sich Ansichten und Haltungen radikal ändern. Das zunehmende Verständnis für gesellschaftliche Zusammenhänge und deren Reflexion in seiner Arbeit gehört
aber exakt zu den Punkten, die ihn so interessant machen. Dabei muß
der Prozeß mit seinen Ecken aber erkennbar bleiben. Der behauptete
totale Durchblick mit der immer paraten Antwort ist hinderlich. Einmal
nicht weiterwissen, Rückschläge und Fehlentscheidungen einräumen
– all das macht Argumente glaubhafter und nachvollziehbarer. Bei
Udo ist der eingeschlagene Weg stets prompt und folgerichtig. Ein dif-
ferenziertes Erscheinungsbild hält er vielleicht für schädlich. Fehlt es
ihm etwa an Vertrauen in das kritische und mündige Publikum? In
dem geräuschvollen Lamento seiner Statements hört man die leisen
Töne selten. Damit nimmt er sich unweigerlich ein gut Teil seiner Wirkung. Niemand wünscht sich den gezähmten Udo. Der »Sponti« soll
ruhig weiter durchs Bürgeridyll gewittern, aber eine Nuancierung der
Methoden hätte angenehme Folgen. Es würde schwerer fallen, sich
des lästigen Mahners und Querulanten mit dem Hinweis zu entledi-
gen, der sei nur ein polternder Sprüchejongleur. Die Sprüche sind
verbraucht, aber sie haben eine Zeitlang ihren Zweck erfüllt. Vom
deutschen Text bis zur Redaktionsstube hat Udo einmal gut durchge-
lüftet.
Der turbulente Lebensstil hat ebenfalls einen positiven Aspekt. Nicht
weil er den Zeitungen Stoffe liefert, sondern weil er den braven Bürger, der nach außen Entrüstung zeigt und sich insgeheim in Udos
Lage wünscht, verunsichert. Der Biedermann wird als Voyeur entlarvt.

Auch an diesem Beispiel ließe sich indessen wieder zeigen, daß Udo der schillernden Verruchtheit den Biß nimmt, weil er ohne Unterlaß darüber redet, was er für ein »loser Typ« sei. Das überflüssige Referieren macht das Geheimnisvolle im Handumdrehen profan. Wenn er von der Nabelschau abläßt und insgesamt für erotische Freiheit plädiert und die Heuchelei aufs Korn nimmt, wird die Sache schon spannender. Die Gegner der Lust attackiert er frontal. Ihnen verdankt Udo L., daß er in seiner Jugend »der Oberklemmi vom Dienst« war. Die katholische Kirche als Institution ist für ihn Ausdruck der Scheinmoral samt den bösen Folgen. Nicht den religiösen Gefühlen, sondern der Hierachie und dem Dogma bezeugt er seine Respektlosigkeit. »Ich finde diesen Papst mit seinem Showtalent höchst peinlich. In welcher Welt lebt er denn? Weiß er nicht, welche Tragödien er heraufbeschwört, wenn er vorehelichen Geschlechtsverkehr und die Pille verbietet? Denkt er an die Kinder der Dritten Welt, die geboren werden, um zu sterben?« Auch die Auffassung der Katholischen Kirche von Homosexualität stört ihn: »Das Beispiel ist gerade wieder aktuell, nachdem der Papst den Schwulen erneut das Fegefeuer angedroht hat. Hat der Kerl doch schlicht und ergreifend gesagt, Homosexualität steht unter Strafe. Tragisch-komisch, so etwas.« (Die Zeit, 22. 2. 80) In dem Lied »Der Teufel ist los« werden die dubiosen Praktiken der Austreibung des Satans beschrieben:

… Wir hatten früher mal 'ne Privataudienz
bei seiner Hochmerkwürdigen Totaldekadenz
ich bat ihn um Hilfe, errette mein Weib!
Und sie zeigte ihm ihren geschundenen Leib
da kriegt er nasse Augen und sagt:
Ich mach' das sonst nie
doch in diesem Fall hätt' ich Bock
auf 'ne Spezialtherapie
Er griff ihr an den Corpus,
doch sein Meßdiener sprach:
Paulchen, du weißt doch, daß ich das nicht vertrag'!

In der Folge wird die LP »Sister King Kong«, auf der sich der Titel befindet, für die Medien indiskutabel. Doch Udo spottet fröhlich weiter: »… die bunte Tante da? Carola Woytila …« (aus »Affenstern«), oder ein Nonnenballett wirft frivol die Röcke, und Udo reimt:

Nonnen — sie wohnen in Klostern
und das nicht nur zu Ostern
mit dem Papst auf den Postern
und den Hostien in den Toastern

Nonnen — sie tragen schwarze Klamotten
und jetzt fangen sie an zu hotten
mit ihren kleinen weißen Häubchen
sind sie nicht süße, heiße Täubchen ...

(aus »Nonnen«)

Aber Lustmolch Udo und Pfaffe haben einen gemeinsamen Fluchtpunkt. Nachdem er umständlich beteuert, daß er sich nur auf dem Felde des Spekulativen bewege, spricht unser allzeit bereiter Casanova: »Wenn ich mich allerdings mit einer Frau liieren würde, also richtig klassisch-sizilianisch, hochheilig, dann könnte ich schon so 'n bißchen konservativ sein, ich meine, ich praktiziere das ja nicht. Aber wenn dann mal die Fee aus den Wolken herabsteigen würde, dann gäbe es wohl diese alten, urkatholischen Restbestände, die ich irgendwie in mir hab'. Wie ich da rangekommen bin, weiß ich auch nicht.« (Musik Express 2/83) Aber dieser sentimentale Schwächeanfall verfliegt schnell. Besser, man bleibt immer unterwegs, dort, wo die »action« ist.
1983 zieht Udo zeitweilig nach Westberlin und residiert im Hotel »Intercontinental«. Für ihn ist diese Stadt ein sozialer und kultureller Brennpunkt. »Hier ist die Szene am buntesten, die Leute am verrücktesten, am tolerantesten — viele Ausländer, viele Filmmenschen, Musiker, viele Theater, Schwulenszene, Frauenszene. Das ist hier 'ne Extremstadt, und ich steh' immer schon auf Extreme.« (Musik Express 2/83) Für die Situation von Minderprivilegierten und Randgruppen ist Udo stets offen. Zum Beispiel das Thema Drogenabhängigkeit. Da sind »... die Dealerschweine und die tote Kleine auf dem Bahnhofsklo — Trauer und Wut! Ich habe viele brennende kleine Seelen auf dem Todesflug beobachtet, habe auch ein paar Antidrogensongs geschrieben und die Hoffnung gehabt, daß durch Verbreitung solcher Songs manche Kleenen vom Griff zum Todesbesteck abgehalten werden können.« Aber für einige ist nur zu wahrscheinlich, daß ein Rockmusiker selber reichlich harte Drogen nimmt. Mit dieser Verdächtigung muß sich Udo L. immer wieder auseinandersetzen. »Viele halten mich ja für den Oberdrogisten schlechthin, den absoluten Drogenfreak: ›Wie der schon aussieht, der muß doch!‹ Meiner Erfahrung nach kann man mal ein Gläschen Kicherwasser zu sich nehmen, sonst bin ich aber zu der Erkenntnis gekommen, klarkopfmäßiges Arbeiten bringt die größte Qualität, was mich angeht. Ich hab' mit Drogen überhaupt noch nie was am Kopp gehabt. Ich habe zwar auch schon zweimal am Joint gesogen, hat mir aber nichts gebracht. Ich weiß zwar, daß es Koks gibt, hab' ich aber nie genommen. Das Gehirn

ist ja auch so schon ein ganz wunderbarer Spielautomat. Ist mir viel zu kostbar und wertvoll.« Alkohol und Tabletten haben ihm ohnehin übel genug mitgespielt. »Also ich sage auch offen, daß ich selbst schwer gesoffen habe, weil ich gemeint habe, auf diese Weise besser klarzukommen. Für diesen Irrtum habe ich gebüßt. Deshalb habe ich geradezu die Verpflichtung, die jungen Leute davor zu warnen. Als ich vom Alkohol weg wollte, habe ich ein Medikament genommen und bin dann medikamentensüchtig geworden.« (Die Zeit, 22. 2. 80) Diese Selbstzerstörung führt bereits 1975 zum Kreislaufkollaps und zu einer Entziehungskur. 1989 muß Udo L. wegen akuten Herz-Kreislauf-Schwierigkeiten auf die Intensivstation.

Sein eigenes Alkohol- und Tablettenproblem schärft die Aufmerksamkeit für den sozialen und kriminellen Hintergrund der tödlichen Drogenfälle. Udo geht in die Szene, spricht mit Betroffenen, und dann schreibt er einen Text, in dem die Droge als mörderische Alternative für Perspektivlosigkeit geschildert wird:

… Sie sagte: Früher stand ich den ganzen Tag
am Flipperautomat
Discos und Kinos, das bockte nicht mehr
doch dann kam Joe, der kleine Pusher
den liebte ich total
der sagte: Hier hab ich die Lösung
ey, probier doch mal! …

… Ein Jahr später hab' ich sie wiedergesehen
und sie nannte sich Schneewittchen
ihre Augen waren wie das Bermudadreieck
sie zogen mich in die Tiefe, und ich war ganz weg
doch auf dem Grund sah ich den heißen Schnee
und ich wußte, sie verbrannte, und das tat mir sehr weh

Heute haben sie mir erzählt
Schneewittchen lebt nicht mehr
sie kam zu nah an die Sonne mit dem letzten Schuß
ihre Flügel schmolzen wie die von Ikarus
sie verreckte im Bahnhofsklo
als sie 'ne Überdosis nahm
die mörderische Fixe steckte noch in ihrem Arm

Und durch die Halle geht ein Mann
seriös und akkurat
er ist das Superschwein

vom Kinderkillersyndikat
und im Koffer zwei Kilo Winterlandschaft
für die tödlichen Weihnachtsfeiern
seine Weste so weiß wie Schnee
und er fährt mit dem Intershity
bis Brown-Sugar-Town
1. Klasse TEE

(aus »Schneewittchen«)

»Schneewittchen« gehört zu den Texten, die in Zusammenarbeit mit Ulla Meinecke entstanden sind. Zwar hört man aus Musikerkreisen immer wieder den Vorwurf, Udo Lindenberg sei sehr rigoros und egoistisch mit ihnen umgesprungen, mit einem Hang zum Patriarchen. Aber Künstlerinnen wie Ulla Meinecke haben ihm einiges zu verdanken. In Talenten sieht Udo nicht den potentiellen Konkurrenten. »Ich würde einen Jüngeren, wenn er kommt und wirklich gut und richtig bemüht und ehrlich ist, begrüßen und mich über ihn freuen. Ich kümmere mich ja auch im Rahmen meiner Möglichkeiten um Nachwuchsförderung. Dabei denke ich an eine 24 Jahre junge Sängerin mit sehr guten Texten, Ulla Meinecke.« (Zeitschrift für Musikpädagogik 7/79) Die ersten beiden Meinecke-Platten »Von toten Tigern und nassen Katzen« (1977) und »Meinecke Fuchs« (1978) sind von Udo Lindenberg produziert. Das Debüt-Album enthält fast ausschließlich Stücke, die von ihm komponiert und bearbeitet sind.
Udo Lindenbergs Wunsch, sich in gesellschaftlichen Fragen einzumischen, mit seinem Popstardasein zu kokettieren und über die Grenzen von Musik und Show hinauszugehen, zeitigen noch ein anderes Resultat. Im Dezember 1979 beginnen die sechs Wochen währenden Aufnahmen zu dem Film »Panische Zeiten«. Udo Lindenberg erzählt die Story: »Der Film handelt von einem Sänger, der nicht nur singt und Shows macht, sondern die Szene freundlich, aber bestimmt aufrütteln will. Er sagt, wir müssen uns gegen beknackte Autoritäten wehren, deshalb brauchen wir eine gemeinsame Power. Er ist ein Mann, der nicht nur Jugendliche erreicht und der die Mächtigen mächtig verunsichert. Schließlich wird er entführt. Dann tritt ein Detektiv auf, der den Auftrag erhält, den Sänger zu finden. Sänger und Detektiv spiele ich. Das hört sich ernst an, es ist aber viel Jux in diesem Film.« (Die Zeit, 22. 2. 80)
Udo Lindenberg steht gemeinsm mit Vera Tschechowa und Walter Kohut vor der Kamera. Mit dem Projekt erfüllt er sich einen Traum. Er investiert mehr als 2 Millionen D-Mark. Im März 1980 kommt der Streifen in die Kinos, und die Kritik fällt fast durchweg unwillig aus. »In ei-

ner Hamburger Hinterhof-Idylle setzt sich der coole Coolmann in Trab, Detektiv mit Profierfahrung … Coolmann soll Udo aufspüren, damit dieser rechtzeitig zu seinem nächsten Auftritt kommt und Konzertmanager Fritz Rau vor dem Herzinfarkt bewahrt. Und plötzlich – unerwartet wie eine Steuernachzahlung – sitzt Lindenberg im Bundeskanzleramt und fällt der verkalkten Machtbürokratie ins Ruder. Mit seinem Katastrophen-Kabinett sorgt er für Gleichberechtigung und Gerechtigkeit, Wohlfahrt und Wohlstand und führt uns alle in die atomkraftwerklose, total abgerüstete und ›irre freie‹ Neuzeit. Lindenberg als Multi-Funktionär: Produzent, Drehbuchautor, Regisseur (Ko-Regie: Peter Fratzsche – d. A.), Komponist und Doppel-Darsteller – too much! … Er hat sich schlicht übernommen … Udo hatte den ›Bilder‹- und ›Gag‹-Rausch, den ›Schnittechnik‹-Koller, das gefürchtete ›Alle-wichtige-Themen-müssen-in-meinen-Film‹-Syndrom. Das konnte einfach nicht gutgehen.« (Hessische Allgemeine, 3. 5. 80) Daß die »Panischen Zeiten« bei den Rezensenten so schlecht weggekommen sind, hält Udo bis heute für eine Fehleinschätzung und fühlt sich in seinen Intentionen gründlich mißverstanden. 1981 dreht er für die ZDF-Serie »Nachdenken über Deutschland« den 45-Minuten-Film »No future – oder doch?« zum Thema »Aussteiger« und »Einsteiger«. 1983 entsteht der von der Presse wenig bis überhaupt nicht beachtete Film »Super«, in dem Udo L. wiederum die Hauptrolle spielt und der beschreibt, wie die Menschen aus dem unbewohnbar gewordenen Europa fliehen. Das Engagement in Umwelt- und Friedensfragen wird seit Ende der siebziger Jahre für Udo Lindenberg zu einem Schwerpunkt. Der so vorteilhaft politisch renitente Lindenberg und der Popstar stehen sich, wie wir gesehen haben, gelegentlich im Wege, aber das selbst verordnete Starimage könnte er mutig abtun. Wo immer Udo geht und steht, zieht er die Stirn kraus – nicht nur, weil er denkt, sondern um den Hut zu bewegen, der ihn mächtig juckt. Dem Beobachter tut das leid, und er möchte ihm allzugern sagen: Udo, auch deine abgefeimtesten Widersacher werden rückblickend nicht bestreiten, daß du der wichtigste Rocker deutscher Zunge bist. Trenn dich gelassen von deiner handcolorierten Fassade. Komm dir und uns entgegen. Wir wollen doch noch ein Stück Weg zusammen gehen. Wer die Wahrheit singt, kann uns die Wirklichkeit seiner Person ruhig zumuten. Also: Keine falsche Rücksicht. Nimm ihn ab! Den Hut!

Die Kinder deiner Kinder

Die Zeit ist Gift in deinem Blut
die Jahre bringen dich um

das Meer der Zeit hat immer nur Flut
die Flut kehrt niemals um

Du bist ein Blatt, und die Zeit ist der Wind
der treibt dich durch das Leben
und irgendwann fällst du in den Dreck
… und der Schicksalswind
trägt ein anderes Kind
als hätt' es dich niemals gegeben

Du denkst, du bist der Größte
und besser geht es nicht
da schlägt dir der Knochenmann
die Sense ins Gesicht
glaub nur nicht, was du tust
das wäre folgenschwer
die Kinder deiner Kinder
kennen deinen Namen schon nicht mehr
sie kennen nicht mal mehr deinen Namen

Dem aufrechten Gang verpflichtet

Sie brauchen keinen Führer

In der U-Bahn kreisen Sprüche
und die Sprüche sind nicht neu
vor 50 Jahren klang das ähnlich
und war im Sinne der Partei

In den Kneipen erzählen sie Witze
brutale Witze und lachen kalt
und sie beschließen, wer ihnen den Job klaut
wird vergast oder abgeknallt

Auf dem Schulhof spielen die Kinder
»Türke und Gendarm«
und in der Klasse getrennt nach Rasse
im Geschichtsunterricht gähnen sie lahm

Auf den Straßen und im Fußballstadion
fangen sie wieder an zu schrein
und dann schmeißen grölende Germanen-Gangs
Granaten in die Kebab-Läden rein

… und viele sagen immer noch:
So schlimm ist das doch wirklich nicht
es ist doch hier weit und breit
kein neues Drittes Reich in Sicht

Nein, sie brauchen keinen Führer
nein, sie können's jetzt auch alleine
nein, sie brauchen ihn nicht mehr
diese neuen Nazi-Schweine
und keine braune Uniform
die Klamotten sind jetzt bunt
doch die gleiche kalte Kotze
schwappt ihnen wieder aus dem Mund
sie marschieren nicht in der Reihe
doch die Front steht wie ein Mann
da, früher waren's die Juden
und heute sind die Türken dran

... und viele sagen immer noch:
Das wird sich niemals wiederholen!
Aber seht ihr denn nicht an den Häuserwänden
dieselben alten neuen Parolen?

Nein, sie brauchen keinen Führer
nein, sie können's jetzt auch alleine
nein, sie brauchen ihn nicht mehr
diese neuen Nazi-Schweine
und den hocherhobenen Kopf
und den deutschen Herrenblick
lassen sie niederschmetternd wirken
auf »Untermenschen und sonstige Türken«
sie marschieren nicht in der Reihe
doch die Front steht wie ein Mann
und heute sind die Türken dran

Nein, sie brauchen keinen Führer
nein, sie können's jetzt auch alleine
nein, sie brauchen ihn nicht mehr
diese neuen Nazi-Schweine ...

Am 17. Juni 1978 prügelt die Polizei in Frankfurt am Main brutal eine Demonstration auseinander. Versammelt haben sich jene, die gegen den alljährlichen »Deutschlandtag« der NPD und anderer brauner Kohorten demonstrieren. Die Zusammenrottung der Nazis, abgesegnet per Gerichtsbeschluß, erfreut sich des politischen Schutzes. Statt dessen gehen die Ordnungshüter gewaltsam gegen alle die vor, die Wehrsportgruppen und SS-Traditionsverbände nicht in ihrer Stadt sehen wollen. Es wird klar, daß sich nur eine breite demokratische Sammlungsbewegung gegen alte und neue Nazis sowie gegen den massiven Druck der Polizei zur Wehr setzen kann. Auf Initiative der Grünen Liste Hessen bildet sich ein Aktionsbündnis, aus dem die »Rock-gegen-Rechts«-Veranstaltungen hervorgehen. Dabei kann »Rock gegen Rechts« auf die Erfahrungen von »Rock Against Racism« aus Großbritannien zurückgreifen. Am 17. 6. 1979 findet das erste Konzert in Frankfurt statt. Neben dem LINKSRADIKALEN BLASORCHESTER, den SCHMETTERLINGEN, den GEBRÜDERN ENGEL u. a. m. steht auch Udo Lindenberg auf der Bühne. Der Zeichner und Autor Johannes Beck berichtet über diesen Abend: »Unser großer Lindenberg, der, auf den alle gewartet hatten bis zum Schluß, der Meister des Näselns und der großkotzigen Lässigkeit. Udo Lindenberg, selbst Aushängeschild genug – ohne ihn wäre Rock gegen Rechts ein Furz geblieben –, hat andere Aushängeschilder nicht nötig ... Bei ihm wußte man, was einen erwartet.« (Aus Thema: Rock gegen Rechts, Hrsg. B. Leukert) Die Beobachter berichten weiter, daß Udo Lindenberg zwischen seinen Songs »klarere gesellschaftliche Aussagen als jemals zuvor« bringt. (St. Peinemann) Diese Veranstaltung wird zum Wendepunkt auf Udos Weg vom chaotischen Rundumschläger zum politisch handelnden Künstler. Drei Monate später sagt er dem Musikmarkt: »Aggressiv bin ich immer noch, aber eines ist mir klar geworden: Der blanke Zorn, der naive Aufschrei bringt nichts mehr ein.« (MM 9/79) Lindenberg behauptet seine demokratischen und humanistischen Positionen rigoros und auf die für ihn typische Weise. Dabei setzt es Rüffel und Verdächtigungen sowohl von Links als auch von Rechts. Im konservativen Lager fürchtet man vor allem den populären Vermittler sozialer und fortschrittlicher Ideen. Auch einige Linke grämen sich lieber, anstatt sich darüber zu freuen, daß sie in Lindenberg einen so potenten Partner haben. Wie schon gezeigt, tun sie sich schwer im Umgang mit einem politischen Popstar. Ohne Rücksicht und tieferes Verständnis für Udo L. kommen sie zu verkürzten und im Ergebnis verunglimpfenden Aussagen. Das tolerante Festhalten an einem Bundesgenossen samt seinen Widersprüchen wird auf dem Altar des Dogmas geopfert. »Ich finde das lächerlich, wenn Lindenberg dauernd politische Statements abgibt, wo nix konkret dahintersteht.« (TiP, 29. 2. 80) Das ist eine Frage der Erwartungshaltung. Ist es nicht die wichtigste Aufgabe eines Künstlers, seine Überzeugungen in Songs und Statements auszudrücken, und tut er nicht ein übriges, wenn er seine Gesinnungsfreunde aktiv unterstützt? Oder ist mit dem Wort »konkret« die finanzielle Spritze gemeint? Dazu Udo: »Ich unterstütze eine bunte Palette von ›Greenpeace‹ bis ›Amnesty-International‹ ebenso wie Bürgerinitiativen für Umweltschutz, Frauenhäuser, die Drogen- und Aidshilfe oder damals die Hausbesetzerszene in Westberlin. Ich kann sagen, daß da im Laufe der Jahre zwischen einer halben und einer Million D-Mark hingegangen sind.« Aber die zitierten Vorhaltungen an Lindenbergs Adresse gehen noch weiter: »Lindenberg sollte auf jeden Fall aufhören, von seiner ›Panik-Partei‹ zu schwätzen. ›Juckpulver‹ ...ist das allenfalls für Teenies, die dann in die Plattenläden rennen und 'ne Platte vom neuen Polit-Pappi klemmen.« (TiP, 29. 2. 80) Wieder stolpert Udo über seine eigenen Füße – oder besser über sein Mundwerk. Der Vorwurf ist mindestens zur Hälfte berechtigt. Das endlose und anstrengende Gerede von der Gründung einer Panikpartei stiftet mehr Schaden als Nutzen. Es klingt wie eine kabarettistische Absichtserklärung, die nie eingelöst wird, und nährt erneut den geringschätzigen Einwand, Lindenberg sei nur **101** eine »Udoperette«. Hätte man's demnach nicht besser lassen sollen? »Ja und nein. Ein paar Leute, die das nicht weiterverfolgen, sagen, das ist ein uneingelöster Spruch. Andere, die das bis zum Ende mitgekriegt haben, wissen, daß ich mit der Panikpartei aufgehört habe, als ›Die Grünen‹ gegründet wurden. Das mit den ›Grünen‹ ist vielleicht besser so und seriöser.« Udo Lindenberg hat sich im Wahlkampf offensiv für die SPD eingesetzt. So bei der Aktion »Freiheit statt Strauß« 1980, bei den Hessischen Kommunalwahlen 1989 usw. Aber seine politischen Sympathien gelten den Grünen. Ein in jeder Hinsicht herausragendes Ereignis ist die »Grüne Raupe«, die sich am 10. Februar 1983 in Bewegung setzt. Udo Lindenberg erläutert dem Musik-Express/Sounds vorab die Details: »Das ist ein Zug, der kreuz und quer durch die Bundesrepublik fährt, mit ganz vielen Leuten an Bord. Da werden Filme gezeigt, da wird diskutiert und informiert, wie die Programmatik der Grünen aussieht und was die Grünen im Bundestag machen werden. Ich unterstütze die Grünen – ich bin den Grünen sehr grün – und mache da schon seit einiger Zeit mit.

Bei der ›Grünen Raupe‹ sind viele Bands dabei, von BAP über SPLIFF bis ZEITGEIST, und natürlich die Liedermacher: Konstantin Wecker, Ludwig Hirsch – und auch aus anderen Kulturbereichen, Heinrich Böll und André Heller zum Beispiel. Der Zug fährt durch die Gegend, ab und zu steigen wir aus und machen Festivals.« (ME/S 2/83) Und 1989 gibt er den Grünen, die eine wichtige Kraft in der bundesdeutschen Parteienlandschaft geworden sind und deren umweltbewußte Impulse über die Landesgrenzen hinausgehen, folgendes mit auf den Weg: »Ich hoffe, daß die Grünen den großen Auftrag nicht in den Sand setzen und sich nicht durch zu viel Bruder- und Schwesterkrieg selber wieder platt machen. Das würde mich aufs Entschiedenste betrüben.« Ob bei Gewerkschaftsveranstaltungen (beispielsweise 1984 Kampf um die 35-Stunden-Woche der Ruhrkumpel), Anti-AKW-Konzerten (z. B. »Rock gegen Atom« 1986) oder Benefiz für die Dritte Welt (bundesdeutscher Life-Aid-Beitrag »Band für Afrika« mit der Single »Nackt im Wind« 1985, Veröffentlichung der Single »Grüne Mauer« mit einem Live-Mitschnitt von Lindenberg, Kunze, Hartz, Zuckowski auf dem Hamburger Tag für Afrika 1985 …) – Udo Lindenberg mischt sich ein, will mitgestalten, und das Gleiche will er bei seinen Zuhörern erreichen. »Ich hab' immer versucht, Leute anzutörnen aufs Einsteigen. Ich habe nie das Lied der Aussteiger gesungen. Ich verabscheue den alten deutschen Gehorsam – immer sagen: ›Wir sind so kleine Fuzzis, wir können da gar nichts machen!‹« Es ist ein dauernder Auftrag, das Gewissen wach zu halten, das zwischen Konsumrausch und Unterhaltungsbetäubung auf der Strecke bleibt. »Die Leute, für die Palä-

stina und Chile, Nicaragua und Soweto so viel weiter weg ist als ein

Gespräch darüber, welche Champagnermarke gerade ›en vogue‹ ist, das sind die kleinen Opfer. Das sind aber auch die stillen Täter. Das ist die schweigende Armee, die die ganzen Tragödien mitträgt.« Wie die angepaßte Wohlstandsgesellschaft, die sich's bequem gemacht hat auf dem Rücken der Arbeitslosen und der Dritten Welt, auf einen reagiert, der sich dem simplen Gebot der Menschlichkeit verpflichtet fühlt, erzählt das Lied »Kleiner Junge«:

Als er ein kleiner Junge war
und mal nix essen wollte, sagte Ma
daß viele Kinder hungrig sind und sterben
er war so geschockt und dachte: So 'n Wahnsinn
und rannte zu seinem Sparschwein hin
da war sein ganzer Reichtum drin
»Mutter, wir müssen was tun!«

…Kleine Jungs werden größer
und wenn's dann immer mehr um das Ego geht
ist ein palästinensiches Flüchtlingsghetto
bald so weit weg wie der fernste Planet
doch bei ihm war das anders – er wurde groß
doch sein Gewissen wurd' nicht kleiner
und wenn er mal ausflippte, schrie und weinte, im Büro, einfach so
lachten sie ihn aus
Psychiatrie – Irrenhaus
Psychiatrie – Irrenhaus…

Er für sein Teil, so Udo, werde sich immer wieder an politischen Aktionen beteiligen, denn »Kultur und Politik kann man nicht trennen«. Die moralische Richtschnur seines Handelns gibt er sich selbst vor. »Ich habe mich bis heute nie prostituiert, und das ist eine Selbstverständlichkeit für mich. Ich bleib dem aufrechten Gang treu, und wenn irgendwann nicht, dann könnt ihr mir alle die Lizenz entziehen.« Beständig hält er an seinem Wunsch nach Begegnung statt Konfrontation fest. Als »Kommunist« gebrandmarkt und enttarnt, der den Genossen nach dem Munde redet – er ist weder das eine noch tut er das andere –, sucht er immer wieder nach systemübergreifenden Kontakten. Udo reist in die Sowjetunion, tritt 1985 bei den Weltfestspielen auf und kommt 1987 zum zweiten Mal. Er spricht immer wieder über Michail Gorbatschow, dessen Politik er sich verbunden fühlt und auf den er die größten Hoffnungen setzt. »Urbi et Gorbi – da geht's ja nun wirklich nur noch nach vorne.« Es ist ehrlich empfundene Sympathie, wenn er schreibt: »Die ersten Konzerte, und gleich **103** mit Alla Pugatschowa, der Oberjodlerin der UdSSR, ein echter Megastar: Es ist fast unbeschreiblich, wie populär Alla Pugatschowa dort ist (ungefähr so wie Michael Jackson oder Barbara Streusand). Wir hatten gigantische Auftritte, und es war absolut umwerfend. Und jeder, der in aller Zukunft mir noch einmal kommt, der Russe ist schlecht, dem kann ich nur sagen: ›Der Russe hat bei mir den ersten Liebreizpreis gewonnen!‹«

Alla Pugatschowa

Wie ich Udo Lindenberg kennengelernt habe? Er hatte sich ja schon lange um einen Auftritt in der Sowjetunion bemüht, aber es gab Schwierigkeiten mit unserer Kulturadministration. Herr Geißmeier, der sich sehr für Künstlerkontakte zwischen der Bundesrepublik und der Sowjetunion einsetzt, hat damals vermittelt. Ich habe einige Mißverständnisse ausgeräumt. Udo galt bei uns als antisowjetisch, dabei ging es vor allen Dingen um den Text »Russen«. Aber nachdem ich den übersetzten Text gelesen hatte, habe ich herzlich gelacht, weil sich das Lied sehr witzig mit antikommunistischen Vorurteilen in Westdeutschland auseinandersetzt.

In 15 Minuten sind die Russen auf dem Kurfürstendamm
In 15 Minuten sind die Russen auf dem Kurfürstendamm
sie lassen ihre Panzer im Parkhaus stehn
und wollen im Café Kranzler die Sahnetörtchen sehn
in 15 Minuten sind die Russen auf dem Kurfürstendamm

Sie kommen uns besuchen, einfach nur mal so
auf Kaffeechen und Kuchen und 'n Fläschchen Pikkolo
ein Wessi spricht: Ey, vergessen Sie nicht
der Russe, der ist schlecht!
Ich frag': Welcher denn? Das sind doch mehrere –
Tja, da hätt' ich ja nun auch wieder recht …

(aus »Russen«)

Die sowjetischen Genossen kannten Udo ja überhaupt nicht, aber sozialismusfeindlich – wie konnten sie so etwas annehmen? Ich habe ihnen also gesagt, daß ich zusammen mit Udo bei den Weltfestspielen auftreten werde. Udo hat mir sehr viel von sich erzählt, und so konnte ich ihn auf dem Festival ausführlich vorstellen. Dann hab' ich ihn auf der Bühne alleingelassen. Vor jedem neuen Lied habe ich den

Inhalt ins Russische übersetzt, meistens als erzählte Fabel, damit die Leute verstehen, was gesungen wird. So war die Sprachbarriere nicht mehr im Vordergrund. Eine schwierige Angelegenheit bleibt das trotzdem, das habe ich bei meinen eigenen Auftritten in der Bundesrepublik erlebt.

Übrigens haben wir gemeinsam in der Sowjetunion eine Platte veröffentlicht – mit Songs von Udo auf der einen und von mir auf der anderen Seite. Die LP war schnell vergriffen. (»Lieder statt Briefe« ist im Herbst 1989 als Import auch in der DDR vertrieben worden – d. A.) Die Idee dazu stammt – natürlich – von Udo, alle Ideen kommen von Udo.

In der Sowjetunion bin ich sehr populär, dasselbe gilt für Udo im deutschsprachigen Gebiet. Diese nationale Begrenztheit der Popularität haben wir gemeinsam. Bevor ich Udo Lindenberg kannte, fand ich diese deutsche Rockmusik für mich uninteressant, ich konnte damit nichts anfangen. Ich denke, daß er diese Auftritte in Moskau und Leningrad auch für seine Karriere nutzen wollte – aber das ist ja nichts Schlechtes. Er hatte bei uns die Aufgabe, das Publikum mit deutscher Rockmusik bekanntzumachen – und er hat diese Aufgabe gut erfüllt.

Als Udo zum erstenmal bei uns war, hatte das eine wichtige politische Bedeutung. Heute sind solche großen Rockkonzerte in der Sowjetunion ganz normal. Ich war früher an Politik nicht interessiert, ganz im Gegensatz zu Udo. Er geht mit Politik als Künstler spielerisch um, zum Beispiel, wenn er Erich Honecker eine Gitarre schenkt. Aber er tut das nie, ohne ernsthaft darüber nachzudenken. Dennoch ist er ein spontaner Mensch, und das ist gut so. All das gehört auch zu seinem Image, er hat sich als Udo Lindenberg so aufgebaut. Nach den Konzerten in Moskau, Leningrad und in der Schweiz 1987 hat sich Udo revanchiert und mich nach Essen eingeladen. Damit wollte er seine Dankbarkeit für die Unterstützung ausdrücken.

Zwischen uns gab es Verständigungsschwierigkeiten. Wir mußten uns auf Englisch unterhalten, was uns beiden nicht leichtfiel. Andererseits war es aber auch sehr einfach, weil wir ja Kollegen sind – und da kann man einander überall verstehen.

Als russische Frau hat mich natürlich einiges an ihm schockiert, aber er hat versucht, sich in meiner Gegenwart etwas anständiger zu benehmen. Er wollte elegant sein, wollte beweisen, daß er kein Rüpel ist. Daß er in einem schicken Restaurant auch mal die Schuhe auszieht und die Füße hochnimmt – daran habe ich mich gewöhnt. Auch daran, daß er ständig mit einer Champagnerflasche rummarschiert und alle zwei Stunden ein neues Mädchen im Arm hat. Einmal hab ich ihn gefragt: »Was machst du denn mit den ganzen Frauen?« Sagt der doch: »Ich lese ihnen Gedichte vor.« Das ist typisch Udo. (Aus einem Gespräch mit dem Autor)

Die achtziger Jahre ————————————————————

- 1981: Ronald Reagan wird 40. Präsident der USA;
  Bundeskanzler Helmut Schmidt besucht die DDR.
- 1982: Bundestag spricht Helmut Schmidt das Mißtrauen aus, neuer
  Kanzler wird Helmut Kohl — die sozialdemokratische Ära ist zu
  Ende, eine konservative Wende in der BRD wird eingeleitet.
- 1985: Michail Gorbatschow wird neuer Generalsekretär der KPdSU,
  unter den Stichworten »Perestroika« und »Glasnost« beginnen Aufbruch und demokratische Erneuerung in der Sowjetunion, später
  auch in anderen osteuropäischen Ländern;
  Gipfeltreffen Reagan — Gorbatschow in Genf, die Ost-West-Kon-
  frontation entspannt sich, Begegnungen in Reykjavik (1986), Wa-
  shington (1987) und Moskau (1988) folgen.
- 1986: Kulturabkommen zwischen der BRD und der DDR;
  Reaktorunfall von Tschernobyl.
- 1988: Beginn des sowjetischen Truppenabzuges aus Afghanistan.
- 1989: George Bush wird USA-Präsident;
  schwere innenpolitische Krise in der DDR, Egon Krenz wird Nach-
  folger Erich Honeckers.

Im Dezember 1979 dreht sich die Rüstungsspirale. Vorgesehen ist eine weitere Runde atomarer Bewaffnung. Per NATO-Beschluß sollen ab 1983 in Westeuropa neue Mittelstreckenraketen stationiert werden. Der Schrecken eines Atomkrieges nimmt greifbare Konturen an. Aber es regt sich Widerstand. Im Oktober 1980 laden Petra Kelly von den Grünen, Ex-General Bastian, Pastor Niemöller und andere zu einem Gespräch für den 15./16.11. nach Krefeld ein. Das übergreifende Motto lautet: »Der Atomtod bedroht uns alle — keine Atomraketen in Westeuropa.« 1000 Teilnehmer verabschieden den »Krefelder Ap-pell«, in dem von der Bundesregierung gefordert wird, »...die Zustim-mung zur Stationierung von Pershing-II-Raketen und Marschflugkör-pern in Mitteleuropa zurückzuziehen; im Bündnis künftig eine Haltung einzunehmen, die unser Land nicht länger dem Verdacht aussetzt, Wegbereiter eines neuen, vor allem die Europäer gefährdenden nuklearen Wettrüstens sein zu wollen...« Diese Erklärung wird zum Ausgangspunkt für eine Friedensbewegung von bisher nicht gekann-tem Ausmaß. Neue Sicherheitsalternativen werden diskutiert. Es kommt zu großen Demonstrationen und Veranstaltungen. Zu den vie-len Künstlern, die den »Krefelder Appell« unterzeichnen, gehört auch

Udo Lindenberg. Er stellt sich kompromißlos in den Dienst der Friedensbewegung, die ihn ihrerseits erheblich politisiert. Erstmals in der Geschichte beginnen die Volksmassen rechtzeitig eine Gefahr zu erkennen. Im September '81 ergeht der Aufruf der »Künstler für den Frieden«, in dem es heißt: »...Wenn es diesmal zu spät ist, dann ist alles aus. Den nächsten Krieg gewinnt nur einer, der Tod, der bewährte Meister aus Deutschland...«.

Neue Freundbilder entwickeln _____

Beim II. Forum der Krefelder Initiative stehen Künstler unterschiedlichster Genres und politischer Prägung in Dortmund in einem vierstündigen Programm auf der Bühne. Udo Lindenberg singt »Wozu sind Kriege da?« — ein Lied mit den einfachen Wahrheiten und wachen Fragen eines Kindes. Der Song, der mit seinem schlichten Anstand erhebliche Resonanz findet, wird von Teilen der Presse als naive Schnulze abgetan. Gemeint ist aber eigentlich nicht der Text, sondern der politische Mensch Lindenberg.

> Keiner will sterben, das ist doch klar
> wozu sind denn dann Kriege da?
> Herr Präsident, du bist doch einer von diesen Herren
> du mußt das doch wissen
> kannst du mir das mal erklären?
> Keine Mutter will ihre Kinder verlieren
> und keine Frau ihren Mann
> also warum müssen Soldaten losmarschieren?
> Um Menschen zu ermorden — mach mir das mal klar
> wozu sind Kriege da?
>
> ... Habt ihr alle Milliarden Menschen überall auf der Welt
> gefragt, ob sie das so wollen
> oder geht's da auch um Geld?
> Viel Geld für die wenigen Bonzen
> die Panzer und Raketen bauen
> und dann Gold und Brillanten kaufen
> für ihre eleganten Frauen
> oder geht's da nebenbei auch um so religiösen Mist
> daß man sich nicht einig wird
> welcher Gott nun der wahre ist? ...

(aus »Wozu sind Kriege da?«)

Im September 1982 kommt es zu einer der eindringlichsten Veranstaltungen der »Künstler für den Frieden«. In Bochum, vor 250 000 Menschen, agieren Harry Belafonte, Miriam Makeba, Maria Farandouri, Udo Lindenberg, Bots und andere. Mehr als 3 Millionen Bundesbürger haben den »Krefelder Appell« bis zum Herbst 1982 unterschrieben. Die Regierung gerät zunehmend unter Druck. Unruhe wird zur ersten Bürgerpflicht. Dennoch bekräftigen die politisch Verantwortlichen den Stationierunsbeschluß und beginnen mit der Installierung der Pershing-II-Raketen, während auf dem Boden der DDR sowjetische SS-20-Raketen stationiert werden. Doch der Widerspruch wird immer nachhaltiger und vielschichtiger. »Daß die Schlacht verloren ist, davon kann überhaupt keine Rede sein«, so Helmut Ridder auf dem IV. Forum der Krefelder Initiative am 8. und 9. September 1984, bei dem deutlich wird, daß die Friedensbewegung aktiv ist und nicht an Ausstrahlungskraft verloren hat. Udo Lindenberg zur UZ: »Es geht um den Abbau der Raketen. Deshalb darf die Friedensbewegung keinesfalls in eine Depression oder Resignation verfallen.« Und weiter zu den Möglichkeiten der Künstler: »Im Rahmen von Festivals allein geht das sowieso nicht. Das geht auch über parteiliche Arbeit bei den Grünen, der SPD und bei der DKP. Die Erfordernisse sind jetzt so, daß praktische Politik gemacht werden muß, und ich denke, daß die Grünen da einen entscheidenden Schritt tun müssen, wie jetzt beispielsweise in Hessen. Die Friedensleute müssen irgendwie an Entscheidungsinstanzen herankommen.« (UZ, 21. 1. 84)

Das IV. Forum muß sich darüber hinaus mit einer neuen Bedrohung auseinandersetzen: Mit Präsident Reagans SDI-Programm soll der Weltraum militarisiert werden. Dr. Paul Walker (USA): »Weltraumkrieg ist eine gefährliche Idee, vielleicht die ernsthafteste und teuerste Bedrohung für das atomare Gleichgewicht, die wir je hatten. Sie ist technisch nicht realisierbar, militärisch überflüssig und destabilisierend ...« Und Prof. Dr. Wladimir Proektor (UdSSR): »Man muß schnell etwas tun, um den Frieden zu retten ... Wir sind überzeugt, daß Europa leben wird, die Welt leben wird, aber alles hängt ab von unserer Tätigkeit, von der Tätigkeit der Menschheit.«

Im Dezember 1984 wird dann der Verein »Künstler in Aktion« gegründet, Udo Lindenberg wird in den Vorstand gewählt.

Im November 1985 findet das Genfer Gipfeltreffen zwischen Michail Gorbatschow und Ronald Reagan statt, nach siebenjähriger Unterbrechung sitzen die höchsten Repräsentanten der Supermächte wieder an einem Tisch. Die Sowjetunion und die USA erklären in Genf, »daß ein Atomkrieg nicht gewonnen und niemals ausgefochten werden darf« und daß keiner die militärische Überlegenheit suchen werde. In den folgenden Jahren geht von der Sowjetunion und ihren Verbündeten eine Serie von Abrüstungsinitiativen auf atomarem und konventionellem Sektor aus, die auch einseitige Vorleistungen der SU beinhalten. Michail Gorbatschow schlägt am 15. Januar 1986 den Abbau aller Atomwaffen bis zum Jahr 2000 vor. 1986 wird zum UNO-»Jahr des Friedens« erklärt. Rund 5 Millionen Menschen haben den Krefelder Appell bereits unterzeichnet.

Zunehmend setzt sich die Erkenntnis durch, daß die in den siebziger Jahren eingeleiteten Maßnahmen zur militärischen Abrüstung realisiert werden können. 1987 einigen sich die UdSSR und die USA prinzipiell auf die Verschrottung sämtlicher Mittelstreckenwaffen – damit ist ein erster handfester Schritt getan.

Am 10./11. Dezember 1988 finden sich die »Künstler in Aktion« zu ihrem ersten Kongreß in Köln zusammen. »Heute stehen wir vor neuen Anforderungen. Die Frage des Friedens ist weniger denn je von den Fragen der Umwelt und der Ökonomie zu trennen. Das Anliegen des Kongresses ist, eine bessere Basis für das eigene Handeln zu finden.« (Doris Pollmann, UZ 6. 12. 88) Als »Anstoß zum neuen Denken '89« erklären die Beteiligten: »… Weitestgehende Angebote des Ostens für eine Welt ohne Massenvernichtungswaffen werden bei uns ungenutzt gelassen. Mit neuen Initiativen der Friedensbewegung werden wir die NATO-Alpträume vom Jäger 90, modernisierten Kurzstreckenwaffen und anderen tieffliegenden Wahnsinn verhindern … Jeder hat unterschiedlichen Handlungsspielraum für das ›neue Denken‹, aber es braucht denselben Mut, ihn zu nutzen! … Neues Denken ist global, bewährt sich aber immer nur konkret vor Ort!«

50 Jahre nach dem Beginn des zweiten Weltkrieges organisieren der DGB und die »Künstler in Aktion« am 1. 9. 89 ein Konzert in der Dortmunder Westfalenhalle. Unter den 150 namhaften Künstlern, die sich zu dieser Antikriegsnacht zusammenfinden, ist auch Udo Lindenberg. Später sagt er: »Wir müssen mit der Abrüstung vorankommen, denn Rüsten ist ein Verbrechen, das die Menschheit jeden Tag begeht. Die Rechnung bezahlt vor allen Dingen die Dritte Welt. Gemeinsame friedenspolitische Arbeit ist total wichtig, deshalb habe ich versucht, auch in der DDR Ansätze zu finden. Wir müssen uns treffen können, und das darf nicht so schwierig sein. Gemeinsam reden bedeutet: weg von der abstrakten Schiene. Wenn man da Aussagen vereinseitigt oder aus dem Zusammenhang reißt, sorgt das nur für weitere Mißverständnisse. Beide deutsche Staaten haben eine besondere Aufgabe in friedenspolitischer Hinsicht, und ich habe immer gesagt, daß ich da mitarbeiten möchte. Gemeinsam mit den Leuten in der DDR. Beide Seiten müssen bereit sein zu lernen, das, was gut ist, besser zu machen, und das, was schlecht ist, abzuschaffen. Wir müssen zusammenarbeiten, um globalpolitisch weiterzukommen.«

Es ist zur Gewißheit geworden, daß es zur Abrüstung, zum systemübergreifenden Dialog und zur Kooperation insgesamt keine Alternative gibt. Gorbatschows Wort vom Gemeinsamen Europäischen Haus
wartet darauf, vollzogen zu werden. Irrationale Hysterie, von wem auch
immer, wäre der Weg zurück in Konfrontation und kalten Krieg. »Auch
die Verhältnisse zwischen der Bundesrepublik und der DDR sollten
geprägt sein von Neugierde auf die jeweils andere Gesellschaftsform
– eine Art sensibles Hingucken. Darin sehe ich eine Chance, Feindbilder loszuwerden. Wer Feindbilder abbaut, braucht auch weniger
Waffen. Du spürst in der Bundesrepublik bei einer ganz breiten Bevöl-
kerung immer weniger Bereitschaft, die Hochrüstung mitzutragen, weil
Gorbatschow da mit seinem neuen Denken ganz Erhebliches gelei-
stet hat. Gorbatschow ist für mich eine politische Hoffnung, die ich total mittrage. Durch den Abbau des Militärbudgets werden Ressourcen
frei für die Dritte Welt und eine vernünftige Öko-Politik. Diese Probleme sind nationalstaatlich nicht mehr zu lösen.«

Egon Bahr, Bundestagsabgeordneter und Präsidiumsmitglied der
SPD, hat unter Kanzler Brandt als Minister die Neuorientierung der
Bundesregierung in ihrer Politik gegenüber den sozialistischen Staaten wesentlich mitgeprägt. Bahr hat sich auch umfassend mit Abrü-
stungs- und Verteidigungsfragen beschäftigt. Im Gespräch mit dem
Autor sagt er: »Wenn ich auf das letzte Jahrzehnt zurückblicke, ist für
mich die Erkenntnis in Ost und West, daß ein Krieg nicht mehr geführt
werden darf und nicht mehr gewonnen werden kann, absolut überra-
gend. Diese Erkenntnis von Herrn Reagan und Herrn Gorbatschow ist
gewissermaßen die Formulierung einer Grundeinsicht, die andere damals schon vor ihnen hatten. Es sind in diesem Jahrzehnt Engagements von Bürgern erfolgt – man nennt das ganz allgemein Friedensbewegung –, die gezeigt haben, daß die Mehrzahl der Menschen
unter Umständen schneller, tiefer und unmittelbarer zu Auffassungen
kommt als Politiker. Das bedeutet, daß auf die Politik ein Druck aus-
geübt worden ist, ein heilsamer Druck, den die Politik gebraucht hat.
Wenn man diese Friedensbewegung nicht hätte, dann müßte man sie
erfinden.
Außerdem ist es eine historisch bemerkenswerte Sache, daß zum erstenmal eine ganze Kategorie modernster Massenvernichtungsmittel
– nämlich die Mittelstreckenraketen – verschwindet. Ich hoffe sehr,
daß diese zweifelsfreien Erfolge die Menschen nicht besoffen, müde
oder gleichgültig machen. Der Glaube ist verführerisch, daß damit
schon das Wesentliche geschehen sei. Ist es nämlich nicht. Ich darf
nicht daran vorbeisehen, daß wir auch ohne Mittelstreckenwaffen

mehr Sprengköpfe haben werden als vorher, denn noch immer geht

die Aufrüstung weiter. Und ich kann nicht ausschließen, daß die Menschen verrückt werden. Das heißt, daß sie nicht vernünftig handeln, sondern zurückfallen in Spinnereien und Haß. Ich hoffe, daß die Menschen auf beiden Seiten wissen: Ich kann mit Waffen nicht mehr siegen, sie sind überflüssig, ich kann damit anfangen, dieses Gerümpel aus der Welt so weit weg zu schaffen, daß es keinen Schaden mehr anrichtet. Aber dieser Punkt ist leider noch nicht erreicht.
Inwieweit die Wunschvorstellung einer totalen Abrüstung im Moment realistisch verhandelbar ist?
Vertrauen kann man nicht beschließen, es muß aufgrund von Erfahrungen erworben werden. Diesem Zustand kann man nur Schritt für Schritt näherkommen. Wenn in Wien darüber verhandelt wird, daß Überlegenheiten beseitigt werden sollen, ist das so ein erster großer Schritt. Danach müßte verhandelt werden, daß das noch Verbliebene halbiert wird. Und weiter könnte man darüber diskutieren, daß keine Seite mehr eine konventionelle Angriffsfähigkeit aufweist. Wenn wir uns daran gewöhnt haben und es erprobt haben, werden wir so viel Vertrauen gewinnen, daß wir sagen: Ich brauche bewaffnete Streitkräfte nur noch für das, was man innere Ordnung nennt, oder für friedenssichernde Maßnahmen der UNO.
Also ich glaube, daß die Sicherheitsfrage der Kern ist und sie deshalb zuerst gelöst werden muß. Daraus werden sich politische Weiterungen ergeben, und man wird politische Grundkonflikte eher lösen können. Erst Sicherheit – dann politische Konsequenzen.
In der Tat bin ich der Auffassung, daß es an der Zeit ist, ganz Europa in den Blick zu nehmen und dafür zu sorgen, daß dieses Europa sich nicht mehr an die Gurgel gehen kann. Wir müssen anfangen, Strukturen einzuziehen, die für beide Teile Europas gelten – also Verkehrsstrukturen, Energiebedürfnisse, Umweltfragen. Es gibt nämlich gleiche Interessen von Staaten unterschiedlicher Gesellschaftsordnung.«
Um seine Ansichten abzustützen, hat sich Udo Lindenberg nicht nur auf sein Gefühl verlassen, sondern immer das Gespräch mit Politikern gesucht.
»Egon Bahr und Valentin Falin und das schwedische Friedensforschungsinstitut – ich habe viele Durchblicker auf meinem Weg getroffen, und gern habe ich mir die Information geholt und hatte auch immer den Eindruck, das ist ganz wichtig so. Denn wenn ich mich auf die Bühne stelle mit meinen Songs und spreche zum Publikum, dann muß das ordentlich fundiert sein, und ich muß total genaue Kenntnis über die Möglichkeiten haben, die es hier gibt und die von vielen immer noch verschlafen werden ... Olof Palme und Willy Brandt ... haben mich noch einmal bestärkt in der unerschütterlichen Auffassung, daß die vielen tausend täglichen Opfer in der Dritten Welt mit dem

ganzen teuren Rüstungswahnsinn im Zusammenhang zu sehen sind.« Und Udo Lindenbergs Credo lautet: »Neue Freundbilder entwickeln, heißt es, und alte Feindbilder ein für allemal in den Gully schmeißen. Weg mit jeder Art von Bremsklotz in Sachen Systemüberwindbarkeit.«

Egon Bahr: »Ich bin Udo Lindenberg zum erstenmal bei einer Veranstaltung in Bad Segeberg begegnet und fand in ihm einen Liedermacher, der nicht nur seine Musik verkaufen will — was ja legitim ist —, sondern der auch politische Überzeugungen hat.

Inwieweit sich ein Künstler politisch engagieren sollte? Erstens: ein Künstler ist ein Mensch. Zweitens: ein Mensch sollte eine politische Auffassung haben, denn er ist ja Bürger eines Staates. Drittens: man kann das nur sehr individuell entscheiden. Es muß jedem einzelnen überlassen bleiben, inwieweit er sein Künstlertum hintan stellt und stärker politisch wirkt oder künstlerisch Politik vermitteln will.«

Say no

We say no

say no

Laßt uns das tausendmal Gesagte
immer wieder sagen
damit es nicht einmal zuwenig gesagt wurde
laßt uns die Warnungen erneuern
und wenn sie schon wie Asche in unserem Mund sind
denn der Menschheit drohen Kriege
gegen welche die vergangenen wie armselige Versuche sind
und sie werden kommen ohne Zweifel
wenn denen, die sie in aller Öffentlichkeit vorbereiten
nicht die Hände zerschlagen werden

Say no
wenn sie kommen, um euch zu holen
say no
für ihr elendes Geschäft

Say no
wenn der Resignator sagt
Widerstand hätt' nichts gebracht
und der Krieg wär' nicht zuletzt
auch so 'ne Art Naturgesetz

Say no
Mutter, Frau und Braut
schrei es raus, schrei es laut
mein Mann, mein Sohn, nicht noch mal
in die Hand vom General

Say no
von Moskau bis Chicago
von Beirut bis nach Tokio
von Kairo bis nach London
von Frankfurt bis nach Ost-Berlin

Say no

(nach einem Text von B. Brecht)

Noch keine Panik

Wer sich mit der Sache »Udo Lindenberg und die DDR« oder »Die
DDR und Udo Lindenberg« beschäftigt, tut gut daran, wenn er zunächst die Kirche zurück ins Dorf stellt. Gemessen an den erdrücken-
den globalen Problemen sind die besonderen Belange zweier deutscher Staaten eher nebensächlich, und das Thema Lindenberg bekommt geradezu mikroskopische Ausmaße. Das ist in den Reaktio-
nen der letzten 15 Jahre oft übersehen worden. Es bleibt eine unbe-
streitbare Tatsache, daß nur eine politische Plattform aus Vernunft
und konstruktivem Dialog auch den Künstlern ihren systemübergreifenden Handlungsspielraum beläßt.
Nicht Ablehnung, sondern Herausforderung zum Meinungsstreit ist
es, wenn Udo Lindenberg schreibt:»Im Bereich Friedensbemühun-
gen habe ich in DDR-Regierungskreisen des öfteren mehr Offenheit
gefunden, als bei manchen Traditionaldenkern in der BRD-Regierung.
Gleichzeitig, damit es da keine Mißverständnisse gibt, finde ich in der
DDR vieles so gründlich daneben, daß mich in Anbetracht der Lebenssituation vieler Individualjongleure dort 'ne ziemliche Wut über-
kommt. Aber soll ich deshalb einstimmen in das Geheul der kalten
Krieger? Hab' ich nie für richtig gehalten. Werd' ich auch nie machen.
Ich versuch' lieber, ein bißchen aufzulockern.«
Mit dem Lied »Sonderzug nach Pankow« hat Udo Lindenberg die Ge-
sprächsbereitschaft nicht gerade auf volle Touren gebracht. Er fand
den Song charmant, andere fanden ihn witzig, wieder andere hielten
ihn für geschmacklos. Die bundesdeutsche Presse spricht von Anbie- **113**

derei und geschickter Umsatzförderung. Wahrscheinlich ist es eine Mischung aus allem, aber auf jeden Fall war das genau Udo L.s Art, seine Auftrittswünsche in der DDR anzumelden. Allerdings dürfte es wohl schwerfallen, Einwände gegen folgende Passage vorzubringen:

… All die ganzen Schlageraffen dürfen da singen
dürfen ihren ganzen Schrott zum Vortrage bringen
nur der kleine Udo – nur der kleine Udo
der darf das nicht – und das verstehn wir nicht …

(aus »Sonderzug nach Pankow«)

Nach diesem Song hat Udo Lindenberg mit einer Einladung in die DDR nicht mehr gerechnet. Dennoch spielt er am 25. Oktober 1983 gemeinsam mit Künstlern aus verschiedenen Nationen bei einem Friedenskonzert auf der Bühne des Palastes der Republik. Im Vordergrund steht der gemeinsame Wunsch nach Abrüstung und Frieden, hinter den das Trennende, das Mißtrauen, der flapsige »Sonderzug« zurücktreten. Udo Lindenberg als Verbündeter in der Sache. In einem Brief schreibt Erich Honecker 1987:
»Lieber Udo Lindenberg!
Mit der Übersendung der Lederjacke haben Sie mir eine Überraschung bereitet, für die ich Ihnen danke …
Wenn ich es recht verstehe, ist sie ein Symbol rockiger Musik für ein sinnvolles Leben der Jugend ohne Krieg und Kriegsgefahr, ohne Ausbildungsmisere und Arbeitslosigkeit, ohne Antikommunismus, Neofaschismus und Ausländerfeindlichkeit. Und wenn ich Ihre künstlerischen Absichten nicht mißverstehe, so richten sie sich im starken Maße gegen Raketenwälder und SDI und plädieren für ein atomwaffenfreies Jahr 2000, für eine Koalition der Vernunft sowie die Einsicht, daß von deutschem Boden nie wieder Krieg, sondern nur noch Frieden ausgehen darf. Dieser Auffassung sind wir auch … Übrigens, da Sie gelegentlich auf meine musikalische Vergangenheit zu sprechen kommen, schicke ich Ihnen eine Schalmei. Viel Spaß beim Üben.« (Junge Welt, 25. 6. 87)
Es ist nicht sinnvoll, sich von Lindenberg nur den Teil herauszugreifen, der ins eigene Konzept paßt. Man kann ihn nur ganz annehmen, auch da, wo Unterschiede aufbrechen. Der Versuch, seine Friedensgeste säuberlich von ihm abzutrennen, liefe Gefahr, die Geste ins Nichts aufzulösen. Ein kritischer Partner kann durchaus produktiv wirken.
Nach Udos Auftritt im Palast der Republik wird ihm für den folgenden Sommer eine Tournee in Aussicht gestellt, die nicht stattgefunden hat.

»Ich hatte ein Versprechen, und einen sizilianischen Ehrenmann täuscht man nicht.« In der Folge verschwindet Lindenberg in den DDR-Massenmedien erneut in der Versenkung. Als Friedenskämpfer hat er seine Schuldigkeit getan, der Rest ist Schweigen. Die Einäugigkeit und Selbstgefälligkeit im Umgang mit Udo L. hatte sich bis zum Redaktionsschluß dieses Manuskripts nicht geändert. Die Furcht vor der Unsicherheit des anderen ist beredtes Zeugnis für eigene Zustände.

Udos Tun und Lassen war immer auf besondere Weise mit der DDR verknüpft. Eine Auseinandersetzung mit ihm betraf das Land direkter als etwa die Beschäftigung mit Mick Jagger, Prince oder anderen Helden. Mit den Jahren ist ihm eine Rolle zugewachsen, die weit über seine Person hinausging. Für die DDR barg sie exemplarisch die Frage nach dem Verhältnis zwischen Staat und Künstler, versehen mit der Konsequenz, den Künstler samt seinem kritischen Potential als unteilbare Person zu akzeptieren. Doch damit nicht genug. Udo L.s Geschichte taugte auch als Parabel auf zwei politische Systeme und zwei deutsche Staaten. Wir lernen, daß Mißtrauen und Konfrontation in unserer Gegenwart keinen Platz haben sollen.

Gisela Steineckert _____

Udo Lindenberg ist wie alle begabten Leute von der Natur angehalten, sich zu formen und das eigene Talent in Arbeit zu nehmen. Es gibt da eine stillschweigende Vereinbarung zwischen dem denkenden Publikum und dem Künstler, die beiden nicht bewußt werden muß, die aber dennoch funktioniert. In jeder Kunst hat immer etwas Gauklerhaftes, Clowneskes zu sein, aber die Anteile müssen stimmen. Das heißt – der Künstler, wie clownesk auch immer, hat das mit einer gewissen Ernsthaftigkeit zu unterlegen. Lindenberg hat etwas Instabiles eingebracht, das offenkundig zu seiner Persönlichkeit gehört. Er hat diesen goldenen Schnitt nie eingehalten, daher wirkten manche seiner ernsthaftesten Vorschläge, die heute sogar Alltag sind, ohne daß er was davon hat, wie nicht ernst gemeint. Andere komische und provokante Äußerungen oder Herausforderungen wirkten, als wolle er Reiche aufbauen oder stürzen. Da hat das Signalsystem nicht in jedem Falle geklappt – so erklären sich auch die extremen Rezensionen. Das ist etwas, was man ihm hätte mal sagen müssen, weil er neben der Ironie und dem Schalk, ja dem ständigen Drang, sich über sich selbst lustig zu machen, sehr ernsthafte Gefühle und Gedanken bewegt. Er gehört, so glaube ich, zu denen, die nicht nur Kunst, sondern auch Welt machen wollen. Ich halte Udo Lindenberg, ohne ihn persönlich zu kennen, für einen überaus sensiblen Mann. Solche Leute gehen natürlich nicht gerne hut- oder hautlos durch die Landschaft. Sie bedecken sich eher, als mit dem Finger auf ihre eigene Verletzbarkeit zu zeigen.

Er hatte nach dem ersten Hören eines Liedes meine Aufmerksamkeit. Ich wollte gerne noch andere Lieder von ihm hören. Die Art, in der Lindenberg seine Texte geschrieben hat, erinnerte mich an den sehr jungen, übermütigen Brecht. Es stand aber, für mich auf die Dauer etwas befremdlich, ein Lied neben dem anderen Lied, und ich dachte, da fehlt jetzt eine Kunstidee, eine Idee für den Mann mit Hut und Metaphern, auf der man eine künstlerische Person aufbauen kann, die von da ihr Leben annimmt. Es soll ja zu dem Talent der Charakter kommen, der dieses Talent formt. Dieser Charakter muß sich zu Hause tüchtig nüchtern und zuverlässig gebärden, um dann auf der Bühne die Professionalität zu haben, übermütig, scheinbar respektlos und alle Grenzen überschreitend zu sein.

Udo Lindenberg hat ein Gesicht, dieses Gesicht hat einen Mund; den kann er zwar verunstalten durch Grimassen, aber es ist ein verletzbarer, zärtlicher, sinnlicher Mund. Das lügt nicht. Wenn er sich zum Narren gemacht hat in der deutsch-deutschen Geschichte, war das, so denke ich, nicht unbedingt seine Schuld. Seine Idee war meistens kindlich rein, aber sie wurde aufgenommen von einer claqueurhaften Menge, da und dort, plötzlich wirkte sie lächerlich oder ulkig und wäre doch bei einiger Bescheidenheit von seiten derer, die ja weiß Gott darauf angewiesen waren, daß andere Ideen haben, gar nicht schrullig gewesen.

Ich glaube, daß ein so begabter Mann wie er aufpassen muß, sonst werden ihm seine Fähigkeiten zur Manie. Dazu hat Ingeborg Bachmann einmal gesagt: »Ich schreibe keine Gedichte mehr, es fällt mir zu leicht.« Ich denke mir, es drängt zu Größerem in ihm. Das erste sichtbare Zeichen ist die LP »Hermine«. Eine andere Reife. »Hermine« ist für mich der Beleg seiner Sensibilität und Zärtlichkeit, also ein Talent, das ich für größer halte, als es die Medien derzeit mit ihm austragen.

Was mir ein bißchen leid tut, ist, daß er der erste war, der den Plan hatte, in der DDR ein Freilichtkonzert zu machen. Damals haben alle höhnisch gelacht und gesagt: »Das fehlte uns noch – solche Massenaufläufe können wir nicht im Überblick behalten.« Heute sind solche Konzerte Alltag, und der einzige, der nicht gespielt hat, ist er.

Udo Lindenberg verfügt über ein Potential an Talent, das im Deutschen nicht gerade millionenmal vorkommt. Wir sind zwar immer noch erstaunlich mit Talenten beschenkt und gehen nicht immer sehr gut mit ihnen um, aber Lindenberg hat sich von seinen ersten Urlauten bis hierher immerhin gehalten. Wenn er jetzt willens ist, ernsthaft auszubauen, was er an Erfahrungen gewonnen hat, denke ich, werden wir auch noch einen anderen Lindenberg kennenlernen.

Im politischen Alltag hat ihm gelegentlich die Professionalität gefehlt. Lindenbergs Vorteil und unser Nachteil ist, daß er noch nicht tot ist. Wenn er tot wäre, könnte er morgen nicht etwas völlig anderes sagen, als er uns per Vertrag versprochen hat. Er ist ein lebendiger, kreativer und spontaner Mensch. Also wir machen mit ihm einen Vertrag, und dann sagt er von der Bühne herunter launisch irgend etwas, was er vorher nicht abgesprochen hat. Ich bin sicher, er würde es tun. Das haben wir doch auch bei Herman van Veen überlebt. Diese mangelnde Souveränität im Umgang mit außergewöhnlichen Talenten ist DDR-Geschichte.

(Aus einem Gespräch mit dem Autor)

Wir wollen doch einfach nur zusammen sein

Stell dir vor, du kommst nach Ost-Berlin
und da triffst du ein ganz heißes Mädchen
so ein ganz heißes Mädchen aus Pankow
und du findest sie sehr bedeutend
und sie dich auch

Dann ist es auch schon soweit
ihr spürt, daß ihr gerne zusammen seid
… und ihr träumt von einem Rock-Festival
auf dem Alexanderplatz
mit den Rolling Stones und 'ner Band aus Moskau

Doch plötzlich ist es schon zehn nach elf
und sie sagt: Ey, du mußt ja spätestens um zwölf
wieder drüben sein
sonst gibt's die größten Nervereien
denn du hast ja nur 'n Tagesschein

Mädchen aus Ost-Berlin
das war wirklich schwer
ich mußte gehn, obwohl ich so gerne
noch geblieben wär
aber Mädchen, ich komme wieder
und vielleicht geht's auch irgendwann mal
ohne Nervereien
da muß doch auf die Dauer was zu machen sein!

Ich hoffe, daß die Jungs
das nun bald in Ordnung bringen
denn wir wollen doch einfach nur zusammen sein
vielleicht auch mal etwas länger
vielleicht auch mal etwas enger
wir wollen doch einfach nur zusammen sein.

Das gefährliche Matinee-Idol ─────────────────

»1948 hörte ich zum ersten Mal die Stimme Brechts.

Er sprach über das deutsche Verhängnis:
die Kontinuität schafft die Zerstörung.
Die Keller sind nicht ausgeräumt,
schon werden die neuen Häuser gebaut.
Jetzt höre ich Udo Lindenberg
mit der Stimme des Nachgeborenen,
die Lieder der jüdischen Großstadtkultur
aus den 20er/30er Jahren Berlins
nach/neu singen.
Einer Kultur, deren Auslöschung
die Deutschen zum Fischvolk gemacht hat,
tiefgefroren im Glück der Selektion.

Das Nachsingen zeigt die Zerstörung,
das Neusingen schafft eine Kontinuität,
in der das Gedächtnis an die Zerstörung lebt
Der Stimmbruch schreibt Geschichte.«

Heiner Müller, Berlin – Dezember 1987

Diese Zeilen Heiner Müllers finden sich auf der LP »Hermine«, mit der
Udo Lindenberg neue Wege probiert. Er tastet sich ins kulturelle Hin-
terland auf der Suche nach tieferem Verständnis für seine eigene Ein-
gebundenheit und findet zu einer gestalterischen Kraft, die Aufbruch
und Wende signalisieren konnte. Aber dieser Weg taugt nur in seiner
rigorosen Version. Der Mut zum Sprung ohne Rücksicht auf sich und
andere – das ist die einzige Chance, sonst kommt es unweigerlich
zum bitteren Abgesang. Udo L. hat ein gutes Blatt auf der Hand, das
er nur nutzen kann, wenn er aus seinem eigenen Schatten tritt.
»Sicher ist die ›Hermine‹ eine Art Wegweiser, obwohl ich bestimmt
immer Gitarren- und Hardrocksachen machen werde. Auch bleibe ich

dem Jazz treu. Aber es geht auch die zurückgenommene Instrumentierung, mal nur ein Klavier und dann die Stimme und den Text ganz weit nach vorne. Den dramatischen Entertainer kann ich mir gut vorstellen, das spüre ich in mir wachsen. Ich habe das Gefühl, das kann ich auch mit 70 noch machen, vielleicht mit 70 viel besser als jetzt. Aber den alten Rock 'n' Roller werde ich trotzdem weiter pflegen. Das ist zeitlos. Ich will mich als Musiker und Bühnenexperte darum bemühen, immer wieder frische und gewagte Sachen zu machen. Man darf keine museale Einrichtung werden. Wenn ich immer auf der alten Schiene bleibe, besteht irgendwie die Gefahr, daß ich zu meiner eigenen Karikatur werde.« Das klingt sehr zaghaft und verlangt nach mehr Risiko. Mit einem Wort: Eine Grundsatzentscheidung ist fällig.

Noch einmal soll Horst Königstein bemüht werden, der sich in einem bislang nicht veröffentlichten Aufsatz Gedanken über die künstlerischen Perspektiven Udo Lindenbergs gemacht hat. Diese zitierten Notizen sind richtungweisend: »Ein Bruch ist notwendig. eine Rückbesinnung ist angebracht. Udo war immer ein Filter vielfältigster musikalischer, kultureller und politischer Strömungen. Er hat die Rückstände und Ausfilterungen in seinen besten Momenten geradezu mythisch perfekt kondensiert.

Bühnenshows, seine Einfallskraft, sein Witz belegen ein Potential, das in der Bundesrepublik seinesgleichen sucht. In der Tat braucht aber Udo für eine weitere Phase seiner Karriere einen entsprechenden Regisseur und Präsentator, der das Naiv-assoziative stärker einbindet und organisiert, seinen Charme erhält und seine Gestaltungskraft kanalisiert. Hier sind auch ›Botschaften‹ für das englischsprachige Ausland: nicht nur Imitation vorherrschender Musikmoden und heftiges Schielen nach gängigen Mustern (auch politisch sinnfälliger Art), sondern eigenständige Arbeit an einer besonderen Art des Musiktheaters. Dieses Theater lebt von deutschen Traditionen bis 45 und bindet gleichzeitig die Kraft des Rock 'n' Roll-Events.

Solche Überlegungen (begleitet von Presse- und Medienabstinenz) münden in ein neues Bild: Udo als ›crossover‹-Phänomen. Die Erwachsenen (wenn man so will, sein altes Publikum) entdecken ihn wieder – als ›crooner‹, Schnulzensänger der neuen alten Sentimentalitäten und Späße. Jüngere Hörer mögen seine expressionistischen Dramen, cool-frech angejazzten Szenerien und den breitwandigen Pop-Pomp annehmen. Dieses ›Wunsch-Denken‹ basiert aber nicht so sehr (wie's jetzt klingen mag) auf einem Sammelsurium der gängigsten Moden, sondern auf einem Konzept, das Udo als die integrierende Person vorstellt. Er ist (wie früher) das Filter, durch das das Material (und besonders auch die musikalischen Erinnerungen und Rückbesinnungen) seinen Weg nimmt. Er sollte mit neuen, ihm gemäßen Partnern arbeiten, die tatsächlich auch – aufgrund ihrer künstlerischen Integrität und Autonomie – eine Herausforderung darstellen und nicht ›Master and Servant‹-Verhältnisse eingehen. Neugier und Experimentalfreude sind gefragt.

Wenn Udo sich als ›andere Erscheinung‹ phantasiert, dann ist diese ›gepflegter‹, biedert sich nicht so sehr an (ohne dabei die Berührbarkeit zu verlieren!): oversized (Anzüge mit merkwürdigen Ledergurten über ein ärmelloses Smokinghemd), Eleganz mit einer gehörigen Portion angepunktem Machismo. Diese ›andere Erscheinung‹ (Figur: dämonisch, lasziv, keck, frech) trennt die Show (mit den unvermeidlichen und auch weiterhin beständigen fellinesken Zutaten) von der ›politischen Verlautbarung‹. Er sollte eine Art ›gefährliches Matinee-Idol‹ werden, dem man zutraut, einen Tanztee erotisch interessant zu zelebrieren oder zu zerstören. Die Bedrohung sollte aber mehr aus dem musikalisch/textlichen Material (und damit aus der Erscheinung) kommen, denn über permanente Erklärungen und Überdeutlichkeiten.

Das ›Geheimnis‹ ist sozusagen automatisch da, wenn sich Udo entscheiden kann, nicht mehr zu allem etwas sagen zu wollen, und seine eigenen Idealisierungszwänge (angeschlossen der dazugehörige Größenwahnsinn …) ihn davon entbinden, den Kids sagen zu wollen, ›wo's lang geht‹, und überhaupt so zu tun, als hätte er für alles ein Rezept.«

Zu Königsteins Empfehlungen, sich nachhaltiger auf die Seite der Kunst zu schlagen, noch einmal Udo Lindenberg:

»Dieses Exposé aus dem Jahre 1986 ist nach wie vor gültig. Es enthält sehr interessante Anregungen. Zum Beispiel den Punkt der kulturellen Identität. Was kann an bundesdeutscher Unterhaltungskunst für das Ausland interessant sein? Königstein, mit dem ich sehr gerne produziere, hat ja für die ›Hermine‹-Platte viele Songs ausgegraben. Natürlich stimmen wir nicht in allen Punkten überein. Er empfiehlt mir in diesem Papier ja einen radikalen Umbruch, aber das geht alles nicht so schnell. Ich glaube, daß das ein Entwicklungsprozeß ist, und ich bin auch auf dem Weg. Ich glaube nicht, daß ich mir eine neue Identität suchen sollte, ich hab' ja eine. Nur, daß ich experimentierfreudiger werden sollte – in einem größeren künstlerischen Bereich, also auch darstellerisch.«

Da ist wieder diese Unentschlossenheit, und wir müssen zur Kenntnis nehmen, daß alles offenbleibt. Unentschieden ist der Fortgang der Geschichte Udo L.s.

*Lisa Oppermann, Victoria Malz
und Schlagzeuger Jean Autret*

Linke Seite:
Victoria Malz
mit Baßgitarrist Hauden

Rechte Seite, oben:
Victoria mit Keyboarder
Jean-Jaques Kravetz
Unten:
Kravetz mit Schlagzeuger
Jean Autret

Oben und linke Seite:
Action auf der Bühne mit
Sängerin Victoria Malz

Rechts:
Die »Kinderstimme« von der
LP »Bunte Republik Deutsch-
land«, Lisa Oppermann

Arbeitsgespräche mit der
Band und mit Konzertmanager
Fritz Rau (untere Abbildung)

Untere Abbildung:
Szene auf dem Flugplatz mit
einem von Udos Sekretären
(rechts)

Untere Abbildung:
Die Sekretäre Erwin und Felix

Oben:
Duett mit Lisa

Links:
Mit dem Baßgitarristen Hauden

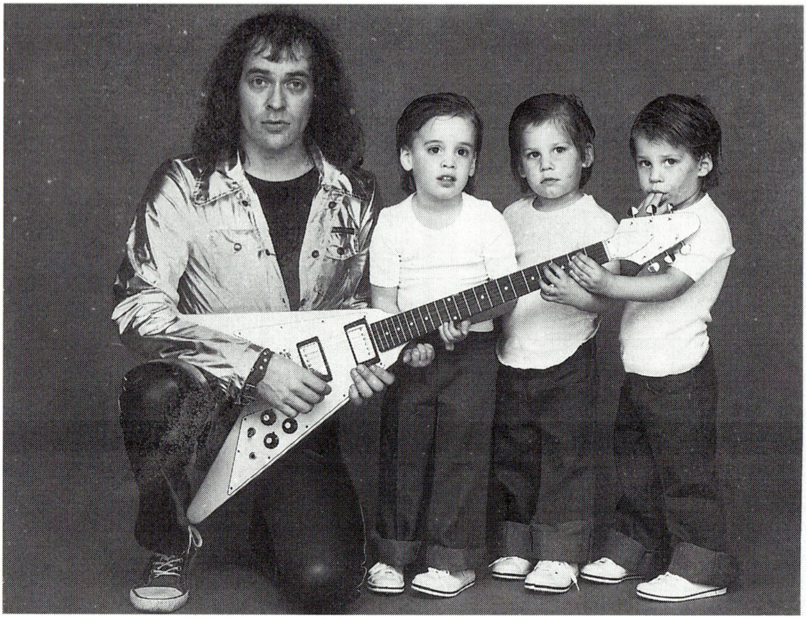

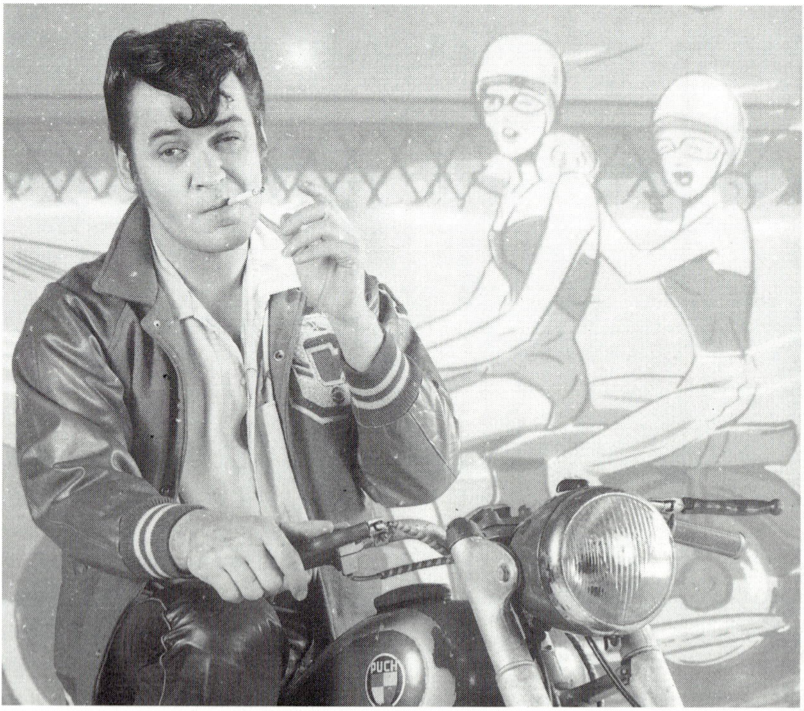
PUCH

Oben:
Das Panik-Orchester zur Zeit
von »Galaxo Gang« (1976), u. a.
mit den Gitarristen Thomas
Kretschner und Roger Hook,
Jutta Weinhold, Rudi Ratlos, dem
Keyboarder Gottfried Böttger,
Felix, Elli Pyrelli, dem
Bassisten Steffi Stephan
(von links nach rechts) und
dem Schlagzeuger
Bertram Engel (vorn rechts)

Linke Seite, oben:
Werbefoto zum Song
»Emanuel Flippmann und die
Randale-Söhne« (1976)
Linke Seite, unten:
Werbefoto der Teldec von 1978

Udo mit Nina Hagen (oben)
und mit Victoria (unten)

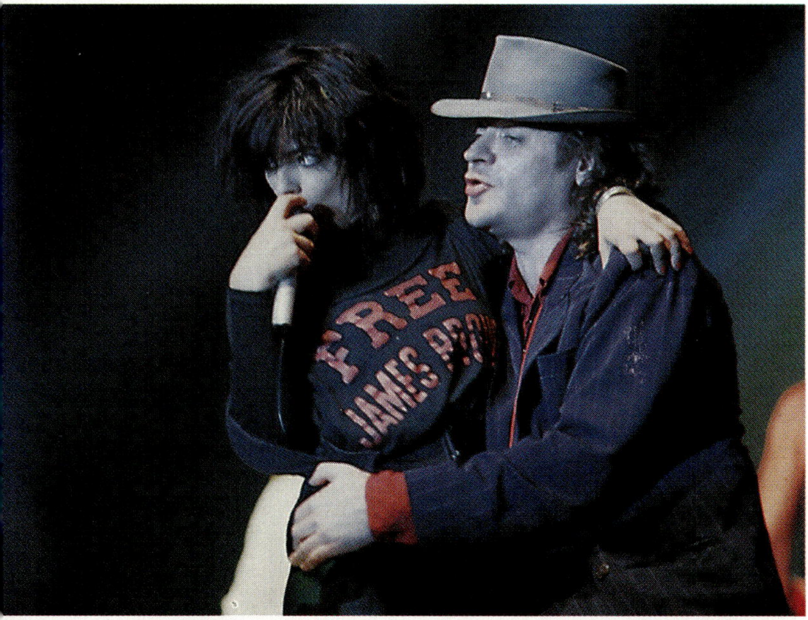

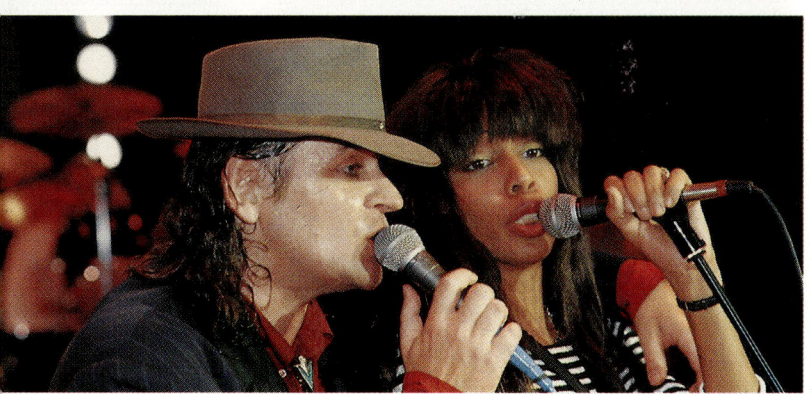

Folgende Seiten:
Konzerttournee 1984
Die Polydor-Mannschaft von
»Bunte Republik Deutschland«

Mit Alla Pugatschowa in Moskau

Rechte Seite:
Werbefoto zum Film »Super« von
Adolf Winkelmann, November
1984

Beim Friedenskonzert
im Oktober 1983
im Palast der Republik

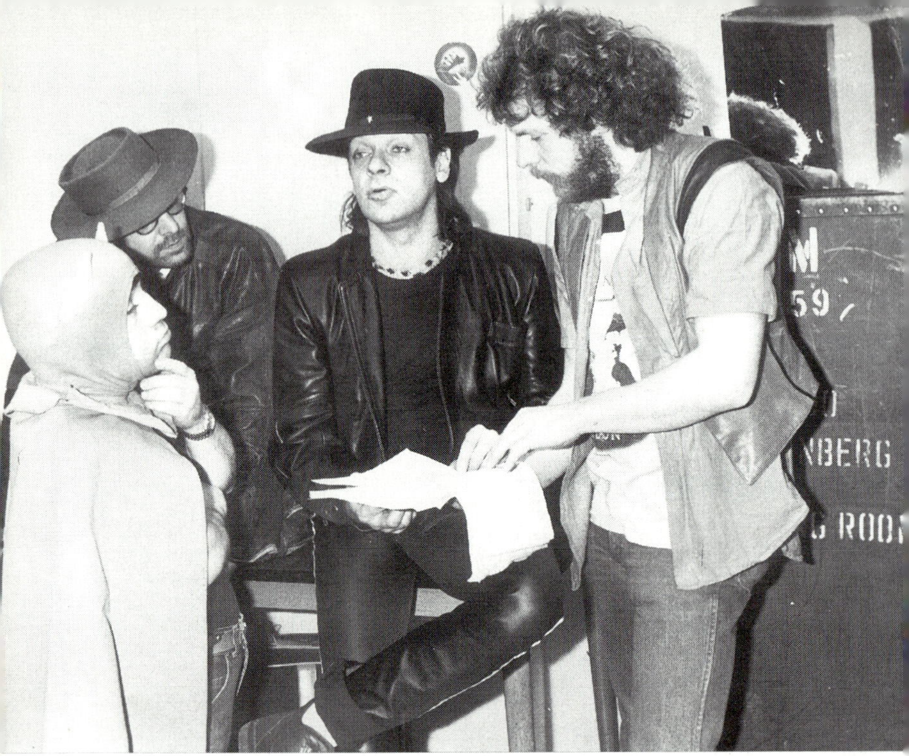

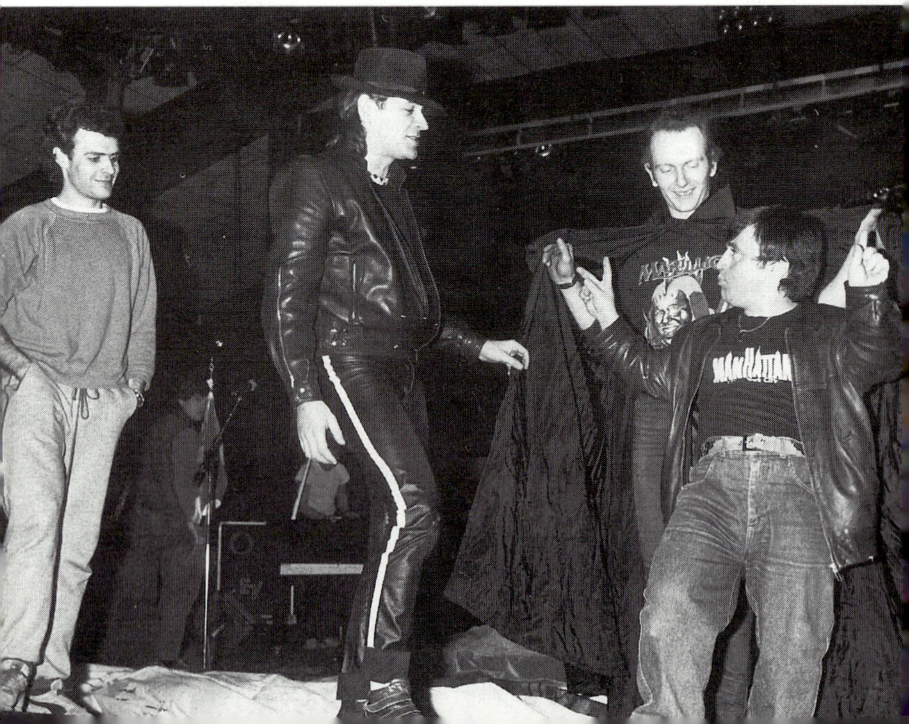
MANHATTAN

Mit Konzertveranstalter
Fritz Rau

UDO LINDENBERG

Schallplattenpremiere
zu »Götterhämmerung«
im Westberliner Café Kranzler
im Januar 1984

Begegnung mit Egon Krenz
anläßlich des Friedenskonzertes
im Oktober 1983

Zum Friedenstag in Nürnberg
am 7. 5. 1985 mit Willy Brandt
und dem Plakatgrafiker
Professor Klaus Staeck

Im Gespräch mit Egon Bahr
im März 1984

Die Gitarristen Hauden & Lukas
Session im Club

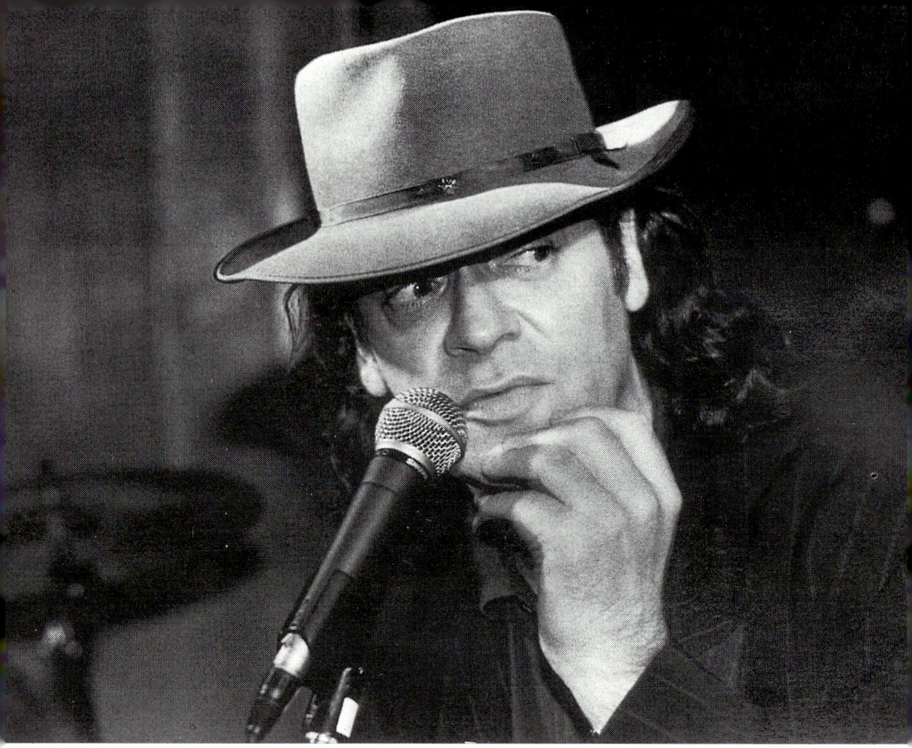

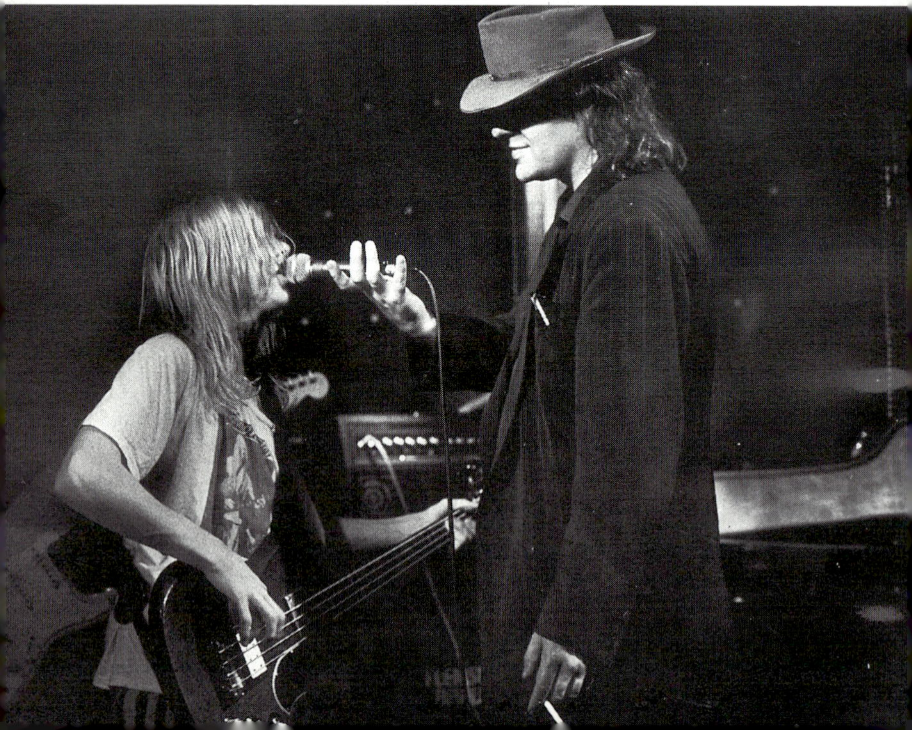

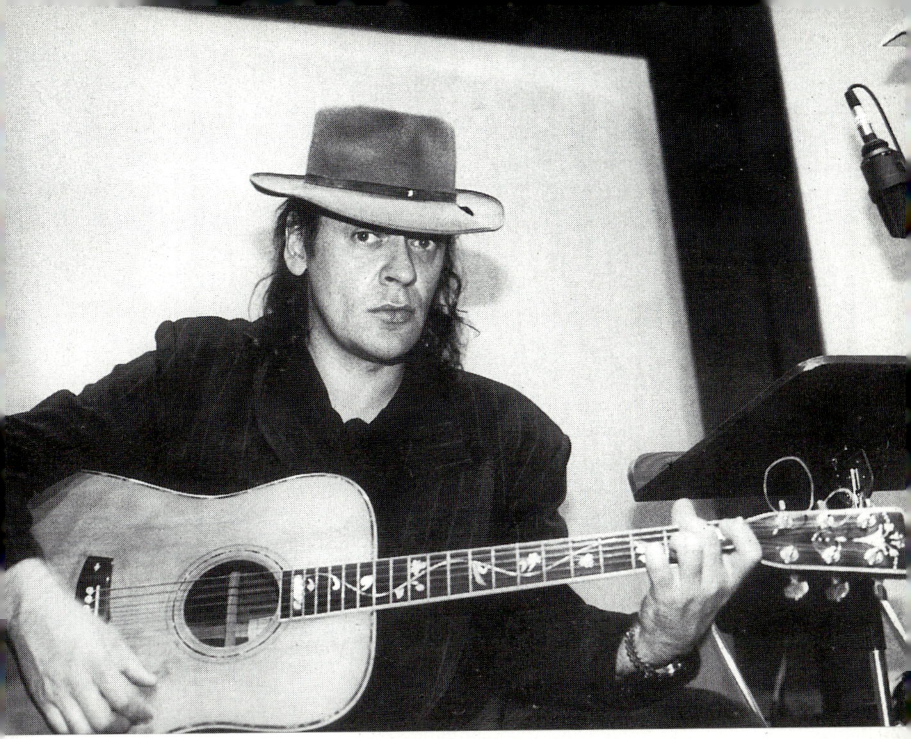

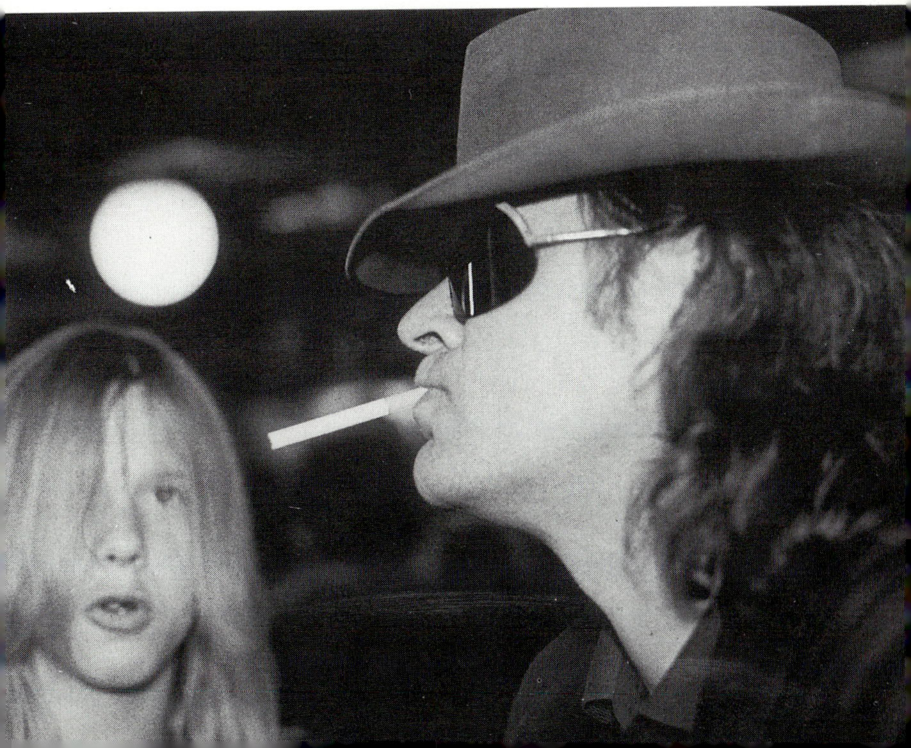

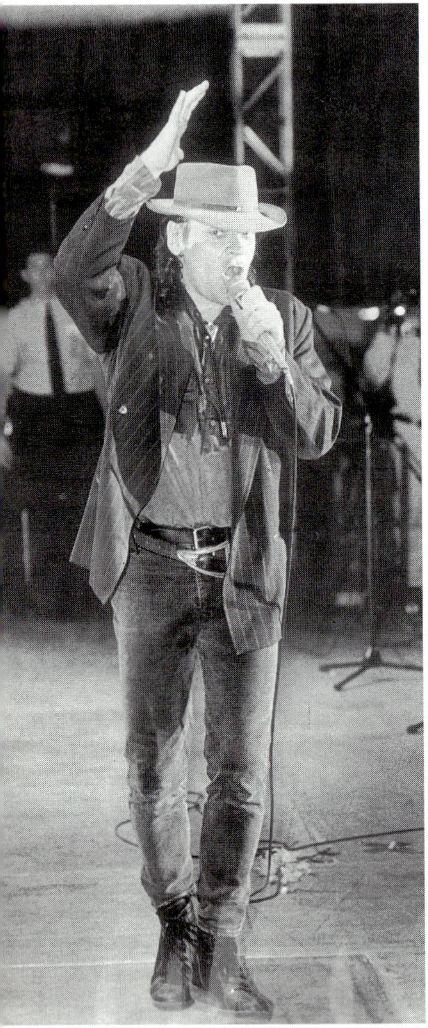
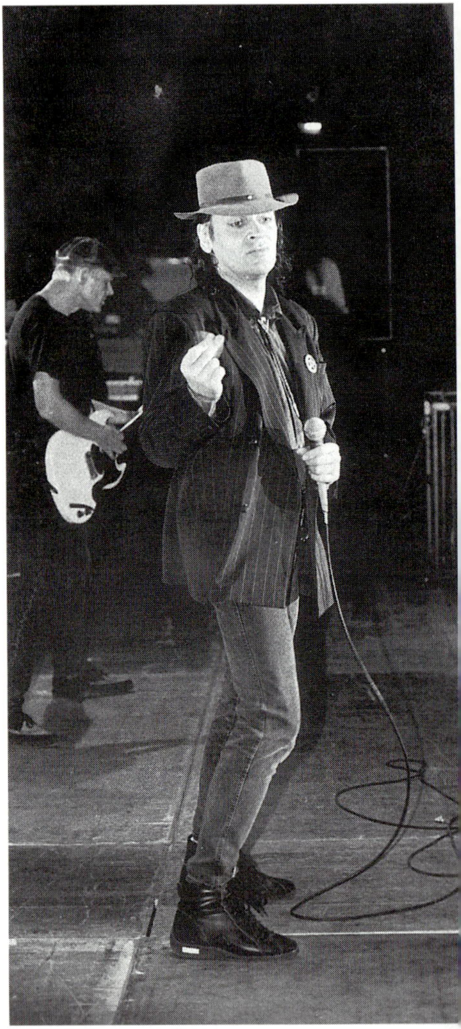

Pressekonferenz zur LP
»Bunte Republik Deutschland«

LINDENBERG
& DAS
PANIK
ORCHESTER
UDO
BRD
Republik
Deutschland
UDO LINDENBERG
BRD
BUNTE REPUBLIK DEUTSCHLAND
SE DEUTSCHLA
15. 01. '90 BIS

Diskographie ████████████████

I

Die Diskographie enthält alle regulären Langspielplatten Lindenbergs, die bei TELDEC und POLYDOR erschienen sind, einschließlich Sampler (Zusammenstellung) mit Titeln (z. B. Singles) als LP-Erstveröffentlichung bzw. Sampler, die sich sonst in irgendeiner Form auszeichnen (von der Originalproduktion abweichende Gesangssprache beispielsweise), um nicht als reine Zusammenstellung bereits auf LP ausgewiesener Stücke klassifiziert werden zu können.

II

Des weiteren enthält die Diskographie Veröffentlichungen, die entweder von anderen Schallplattenfirmen als TELDEC und POLYDOR produziert (co-produziert) oder in der vorliegenden Gestalt nur außerhalb der BRD verlegt wurden, auch wenn es sich dabei um Sampler handelt.
Reine Sampler, die in der BRD veröffentlicht wurden, sind nicht verzeichnet.

III

Der LP-Abfolge ist eine Titelliste in alphabetischer Reihenfolge angefügt, um das Auffinden eines gesuchten Liedes und dessen Zuordnung zu LPs zu erleichtern.
Die für die Plattenproduktion relevanten Musikernamen und die entsprechenden Instrumentenbezeichnungen (Besetzungen) wurden weitestgehend unverändert von den Originalschallplattenhüllen bzw. -labels übernommen. So erklären sich eventuelle Orthographiedifferenzen.

Verwendete Abkürzungen:
engl. = englisch
ndl. = niederländisch
dt. = deutsch
K. = Komposition
T. = Text

I _____

1 LINDENBERG (1971/Teldec)

A-Seite:
1. It Is Allright Again (K. + T.: Lindenberg)
2. We 've Had Our Time (K. + T.: Lindenberg)
3. Paradise Now (K. + T.: Lindenberg)
4. Stardance (K. + T.: Lindenberg)

B-Seite:
1. We Could Be Friends (K. + T.: Lindenberg/Marx)
2. The Children Of Your Children Won't Even Know Your Name
   (K. + T.: Lindenberg)

Besetzung:
Udo Lindenberg – Gesang, Schlagzeug, Keyboards, Percussion
Carl G. Stephan – Baß

Andy Marx – Gitarren
Helmut Franke – Gitarre (A 4)
Mag Johannsen, Ischi Bendorff, Sybille Kynast – Backgroundgesang

Produktion:
Lindenberg

2 DAUMEN IM WIND (1972/Teldec)
Udo Lindenberg

A-Seite:
1. Daumen im Wind (K. + T.: Lindenberg)
2. Good Life City, dt. gesungen (K. + T.: Lindenberg)
3. Meer der Träume (K.: Lindenberg/Naura; T.: Lindenberg)
4. Biochemon (K. + T.: Lindenberg)

B-Seite:
1. Hoch im Norden (K. + T.: Lindenberg)
2. In den dunklen tiefen Gängen der Vergangenheit
   (K. + T.: Lindenberg)
3. Die Kinder deiner Kinder (K. + T.: Lindenberg)
4. Alkoholmädchen (K. + T.: Lindenberg)

Besetzung:
Udo Lindenberg – Gesang, Schlagzeug, Klavier und sonstige Tastaturen, Sounds,
Percussion
Carl G. Stephan – Baß
Roger Hook – Akustikgitarren, Mandoline
Thomas Kretschmer – E- & Soundgitarre

Session-Musiker:
Michael Naura – E-Piano
Peter Herbolzheimer – Posaune
Rale Oberpichler – Gesang
Helmut Franke – Akustikgitarre
Jo Kirsten – Akkordeon
Jonny Müller – Chromonika
Rainer Rubink – Banjo

Produktion:
Udo Lindenberg und Thomas Kukuck

3 ALLES KLAR AUF DER ANDREA DORIA (1973/Teldec)
Udo Lindenberg und das Panik-Orchester

A-Seite:
1. Alles klar auf der Andrea Doria (K. + T.: Lindenberg)
2. Boogie Woogie-Mädchen (K. + T.: Lindenberg)
3. Nichts haut einen Seemann um (K. + T.: Lindenberg)
4. Ganz egal (K.: Lindenberg/Allaut; T.: Lindenberg)

B-Seite:
1. Du heißt jetzt Jeremias (K. + T.: Lindenberg)
2. Wir wollen doch einfach nur zusammen sein (K. + T.: Lindenberg)
3. Dr. Chicago (K.: Lindenberg/Böttger; T.: Lindenberg)
4. Cello (K. + T.: Lindenberg)
5. Er wollte nach London (K. + T.: Lindenberg)
6. Die größte Liebe (K. + T.: Lindenberg)

In den Hauptrollen:
Udo Lindenberg – Gesang, Schlagzeug
Steffi Stephan – Baß
Thomas Kretschmer, Karl Allaut – Gitarre
Gottfried Böttger – Klavier, Röhrenglocken, Celesta

Ferner wirkten mit:
Jean-Jacques Kravetz – Klavier, Orgel
Peter Hesslein – Akustikgitarre
Das Streichquartett Lorenz Westphal
Das »Hot Owl Dixielandgebläse« u. v. a.

Produktion:
Udo Lindenberg und Thomas Kukuck

4 BALL POMPÖS (1974/Teldec)
Udo Lindenberg und das Panik-Orchester

A-Seite:
1. Jonny Controlletti (K. + T.: Lindenberg)
2. Honky Tonky Show (K.: Lindenberg/Böttger; T.: Lindenberg)
3. Leider nur ein Vakuum (K. + T.: Lindenberg)
4. Rudi Ratlos (K. + T.: Lindenberg)
5. Bitte keine Love Story (K. + T.: Lindenberg)

B-Seite:
1. Gerhard Gösebrecht (K.: Lindenberg/Allaut, T.: Lindenberg)
2. Riskante Spiele (K.: Lindenberg/Allaut; T.: Lindenberg)
3. Cowboy Rocker (K. + T.: Lindenberg)
4. Nostalgie Club (K. + T.: Lindenberg)
5. Ich bin von Kopf bis Fuß auf Liebe eingestellt (K. + T.: Hollaender)
6. Glitzerknabe (K.: Lindenberg/Stephan; T.: Lindenberg)

Musikalartisten:
Karl Allaut – Gitarre
Gottfried Böttger – Klavier
Steffi Stephan – Baß
Backi Backhausen – Schlagzeug

Die weiteren Attraktionen:
Keith Forsey, Dieter Ahrendt, Udo Lindenberg – Trommeln
Helmut Franke, Thomas Kretschmer – Gitarren
Lonzo Westphal, Rudi Ratlos – Geige

Jean-Jacques Kravetz — Streicherorgel
Gigo Seelenmeyer — Banjo
Chris Herrmann — Trompete
Rainer Regel, Bolle Burmeister, Olaf Kübler — Saxophon
Peter Herbolzheimer, Wolfgang Schmitz — Posaunen
Johnny Müller — Chromonika

Ferner im Programm:
Der Honky Tonky Kinderchor, Leitung: Bernie Flottmann
Inga Rumpf als Rockermädchen
Otto Waalkes als Cowboy Rocker
Gerhard Gösebrecht — Kosmosklänge und Ufo-Pilot
Werner Burkhardt, Hans-Otto Mertens, Bernd Bulle, Heinz-Peter Meyer, Hans Scheibner
und die Mäusesingers — Ahua-Chor

Produktion:
Udo Lindenberg und Thomas Kukuck

5 VOTAN WAHNWITZ (1975/Teldec)
Udo Lindenberg und das Panik-Orchester

A-Seite:
1. Der Dirigent (K. + T.: Lindenberg)
2. Votan Wahnwitz (K.: Lindenberg/Herbolzheimer; T.: Lindenberg)
3. Daniel's Zeitmaschine (K. + T.: Lindenberg)
4. Da war soviel los (K. + T.: Lindenberg)
5. Der Malocher (K. + T.: Lindenberg)
6. Guten Tag, Herr Filmproduzent (K. + T.: Lindenberg)*
   *Gitarre und Gesang: Udo

B-Seite:
1. O-Rhesus-Negativ (K. + T.: Lindenberg)
2. Elli Pyrelli (K. + T.: Lindenberg)
3. Alles im Lot auf dem Riverboat (K.: Lindenberg; T.: Lindenberg/Burkhardt)
4. Das kann ma ja auch mal so sehen (K.: Lindenberg/Kretschmer/Stephan;
   T.: Lindenberg)
5. Jack (K.: Lindenberg/Kravetz; T.: Lindenberg)
Die Superbesetzung:
Thomas Kretschmer, Helmut Franke — Gitarra forte
Gottfried Böttger — Piano forte
Steffi Stephan — Basso fantastico
Keith Forsey, Dieter Ahrend, Udo Lindenberg — Schlagzeugo bombastico

Ferner wirken mit:
Elli Pyrelli, Inga Rumpf, Rale Oberpichler, Jean-Jaques Kravetz, Peter Hesslein, Rainer Rubink, Dieter Horns, Ede Wolf u. v. a.; außerdem die Abhebe-Bläsercrew von Peter Herbolzheimer, das Dixieland-Gebläse von »Bruno's Salon Band«, die Streicher des Kölner Gür-
zenich-Orchesters, der Kinderchor »Ur-Schrei« unter der Leitung von Samuel Stimmbruch; Gerhard Gösebrecht und Albert Alptraum

Produktion:
124   Udo Lindenberg und Thomas Kukuck

6 NO PANIC ON THE TITANIC (1976/Teldec)
Udo Lindenberg And The Panic Orchestra

A-Seite:
1. The Conductor (K. + T.: Lindenberg,; engl. T.: Chapman)
2. Votan Wahnwitz (K.: Lindenberg/Herbolzheimer; T.: Lindenberg; engl. T.: Chapman)
3. Nothing But A Vacuum (K. + T.: Lindenberg; engl. T.: Chapman)
4. Daniel's Time Machine (K. + T.: Lindenberg; engl. T.: Chapman)
5. It Was All So New (K. + T.: Lindenberg; engl. T.: Chapman)
6. Rudi Ratlos (K. + T.: Lindenberg; engl. T.: Chapman)

B-Seite:
1. Elli Pyrelli (K. + T.: Lindenberg; engl. T.: Chapman)
2. O-Rhesus-Negativ (K. + T.: Lindenberg; engl. T.: Chapman)
3. Look At It My Way (K.: Lindenberg/Kretschmer/Stephan;
   T.: Lindenberg; engl. T.: Chapman)
4. Jonny Controlletti (K. + T.: Lindenberg; engl. T.: Chapman)
5. Jack (K.: Lindenberg/Kravetz; T.: Lindenberg; engl. T.: Chapman)

Besetzung:
Udo Lindenberg — Gesang, Schlagzeug, Percussion
Thomas Kretschmer, Helmut Franke, Karl Allaut — Gitarren
Steffi Stephan — Baß
Gottfried Böttger, Jean-Jacques Kravetz — Keyboards
Keith Forsey, Dieter Ahrendt — Schlagzeug, Percussion
Lonzo Westphal — Violine
Peter Herbolzheimer — Bläser-Arrangements

Außerdem:
Inga Rumpf, Chris Herrmann, Rainer Regel, Ede Wolf, Bolle Burmeister, Gigo Seelen-
meyer, Wolfgang Schmitz, Johnny Müller, Otto Waalkes, Werner Burkhardt, Hans-Otto
Mertens, Bernd Bulle, Heinz-Peter Meyer, Hans Scheibner, Elli Pyrelli, Rale Oberpichler,
Peter Hesslein, Rainer Rubink, Dieter Horns & Bruno's Salon Band
Michael Chapman — englische Texte

Produktion:
Udo Lindenberg und Thomas Kukuck

7 GALAXO GANG — Das sind die Herrn vom andern Stern (1976/Teldec)
Udo Lindenberg und das Panik-Orchester

A-Seite:
1. Rock 'n' Roller (K. + T.: Lindenberg)
2. Reggae Meggi (K. + T.: Lindenberg)
3. Nina (K.: Lindenberg/Kretschmer; T.: Lindenberg)
4. Wenn ich 64 bin (K. + T.: Lennon/McCartney; dt. T.: Lindenberg)
5. Ich bin Rocker (K. + T.: Lindenberg)
6. Radio Song (K. + T.: Lindenberg)

B-Seite:
1. Bodo Ballermann (K. + T.: Lindenberg)
2. Gene Galaxo
   a) 1990 (K.: Lindenberg/Kravetz; T.: Lindenberg)
   b) Der Mutant (K.: Lindenberg/Kukuck/Herbolzheimer; T.: Lindenberg)
   c) Die Welt ist prima (K. + T.: Lindenberg)
3. Mädchen (K.: Lindenberg/Kretschmer; T.: Lindenberg)
4. Lililiputaner
   a) Manege (K.: Kukuck)
   b) Felix (K. + T.: Lindenberg)

Panik-Orchester:
Thomas Kretschmer, »Rockin'« Roger Hook – Gitarre
Gottfried Böttger, Udo L. – Tastaturen
Steffi Stephan – Baß
Keith Forsey, Udo L. – Schlagzeug

Als Fixsterne glänzten:
Freya, Jutta Weinhold, Otto Waalkes, Steve Marriot, Jean-Jacques Kravetz, Dieter Ahrendt,
Helmut Franke, Alex Conti, Jürgen Schröder, Burkhardt Plenge, Geoffrey Paley, Peggy
»Panther« Parnass, Johnny Müller, Eckart Hofmann, Bacci Galupo u. v. a., außerdem Peter
Herbolzheimer's Laser-Bläser, die Dixieländler von »Bruno's Space Band«, der Rockerchor
»MC Mephisto's Mob«, die »Starlets« unter Kommandant Kurt Lindenau und die
Regierungssymphoniker unter der Kontrolle von Kosmoskanzler Votan W.

Es steppt:
Evelyn Künneke
Finten und Tricks:
Thomas Kukuck und Felix Cix.

Produktion:
Udo Lindenberg und Thomas Kukuck

8 PANIK-UDO (1976/Teldec)
Udo Lindenberg und das Panik-Orchester

A-Seite:
1. Hoch im Norden (K. + T.: Lindenberg)
2. Candy Jane (K. + T.: Lindenberg)
3. Good Life City (K. + T.: Lindenberg)
4. Rock 'n' Roll Band (K. + T.: Lindenberg)
5. Tief im Süden (K. + T.: Lindenberg)
6. Wanderin' Man (K. + T.: Lindenberg)

B-Seite:
1. Jonny Controlletti (K. + T.: Lindenberg)
2. Bodo Ballermann (K. + T.: Lindenberg)
3. O-Rhesus-Negativ (K. + T.: Lindenberg)
4. Cello (K. + T.: Lindenberg)
5. Rudi Ratlos (K. + T.: Lindenberg; engl. T.: Chapman)
6. Wir wollen doch einfach nur zusammen sein (K. + T.: Lindenberg)

Produktion:
Udo Lindenberg und Thomas Kukuck

9 SISTER KING KONG (1976/Teldec)
Udo Lindenberg und das Panik-Orchester

A-Seite:
1. Die Bühne ist angerichtet (K. + T.: Lindenberg)
2. Emanuel Flippmann und die Randale-Söhne (K. + T.: Lindenberg)
3. Rätselhaftes Bielefeld (K. + T.: Lindenberg)
4. Satellit City Fighter (K.: Lindenberg/O'Brien-Docker; T.: Lindenberg/Königstein)
5. Der Teufel ist los (K. + T.: Lindenberg)

B-Seite:
1. Sister King Kong (K. + T.: Lindenberg)
2. Jenny (K.: Lindenberg/Kretschmer; T.: Lindenberg)
3. Meine erste Liebe (K. + T.: Lindenberg)
4. Udo On The Rocks (K.: Lindenberg/Cress/Vincent/King/Schulze; T.: Lindenberg)
5. Rock 'n' Roll-Arena in Jena (K.: Kravetz; T.: Lindenberg)

Im Ring:
Paul Vincent, Toomas Kretschmer – Gitarre
Dave King, Steffi Stephan, Udo Lindenberg – Baß
Curt Cress, Bertram Engel – Trommeln
Kristian Schultze, Jean-Jacques Kravetz, Gottfried Böttger, Udo Lindenberg, Claas
Juster – Tasten
Olaf »Kicher« Kübler – Saxophon
Udo Lindenberg, Rico Vulkano – Percussion
Jonny Müller – Schalmeien
Udo Gerhard, Jutta Weinhold, Ulla Meinecke, Rale Oberpichler, Inge Wellmann –
Menschenstimmen
Die Bielefelder Orgienengel Victor, Tobias & Christian
Thomas Immanuel Kukuck – Tierstimme

Produktion:
Udo Lindenberg und Thomas Kukuck

10 PANISCHE NÄCHTE (1977/Teldec)
Udo Lindenberg und das Panik-Orchester

A-Seite:
1. Mister Nobody (K.: Lindenberg/Kretschmer/Vincent-Gunia; T.: Lindenberg)
2. Riki Masorati (K.: Lindenberg; T.: Lindenberg/Kübler)
3. Schneewittchen (K.: Lindenberg/Cress/King-Virgin; T.: Lindenberg/Meinecke)
4. Der Sizilianische Werwolf (K. + T.: Lindenberg)

B-Seite:
1. Fliesenlied (K. + T.: Lindenberg)
2. Teddi (K. + T.: Lindenberg)
3. Sie ist 40 (K.: Lindenberg; T.: Lindenberg/Meinecke)

4. Cowboy (K. + T.: Lindenberg)
5. Flipper (K.: Lindenberg/King-Virgin/Schulze; T.: Lindenberg)

Es rockten:
Curt Cress, Bertram Engel – Trommeln
Dave King, Steffi Stephan – Baß
Paul Vincent, Toomas Kretschmer – Gitarren
Kristian Schultze, Jean-Jacques Kravetz – Tasten

Und es rollten:
Ted Herold (Teddi)
Lonzo – Cowboy-Geige
Johnny Müller – Mundharmonika
Herbie Bornhold – Congas
Eckhart Hofmann – Saxophon
Eimsbütteler Straßen-Kinderchor

Produktion:
Udo Lindenberg

11 LINDENBERGS ROCK REVUE (1978/Teldec)
Udo Lindenberg und das Panik-Orchester

A-Seite:
1. Rockin' And Rollin' (K.: Lindenberg/Gunia; T.: Lindenberg/Königstein)
2. Tutti Frutti (K. + T.: Penniman/La Bostrie; dt. T.: Lindenberg/Königstein)
3. Verdammt, wir müssen raus aus dem Dreck (We've Gotta Get Out Of This Place)
   (K. + T.: Mann/Weil; dt. T.: Lindenberg/Königstein)
4. Salty Dog (K. + T.: Brooker/Reid; dt. T.: Lindenberg/Königstein)
5. Ich sitz den ganzen Tag bei den Docks (Sitting On The Dock Of The Bay) (K. + T.:
   Cropper/Redding; dt. T.: Lindenberg/Königstein)

B-Seite:
1. Reeperbahn (Penny Lane) (K. + T.: Lennon/McCartney; dt. T.: Lindenberg/Königstein)
2. Süße kleine Sechzehn (Sweet Little Sixteen) (K. + T.: Berry; dt. T.: Lindenberg/
   Königstein)
3. Der Boß von der Gang (Leader Of The Pack) (K. + T.: Morton/Barry/Greenwich; dt. T.:
   Lindenberg/Königstein)
4. Sympathie für den Teufel (Sympathy For The Devil) (K. + T.: Jagger/Richard; dt. T.:
   Lindenberg/Königstein)
5. Immer noch verrückt nach all den Jahren (Still Crazy After All These Years) (K. + T.:
   Simon; dt.T.: Lindenberg/Königstein)

In den Hauptrollen:
Paul Vincent, Toomas Kretschmer – Gitarren
Steffi Stephan – Baß
Jean-Jacques Kravetz – Tastaturen
Bertram Engel – Schlagzeug
und die Rock 'n' Roll-Komplizen:
Curt Cress – Schlagzeug
Dave King – Baß
Kristian Schultze – Tastaturen

Nebenrollen:
Peter Herbolzheimers Pustefix Gebläse
Die Vincentowich-Sinfoniker
Ingeburg Thomsen (A 2; B 2, 3)
Freya Wippich, Rale Oberpichler – Soulschwestern
Herb Geller – Alto-Sax
Johnny Müller – Mundharmonika

Produktion:
Udo Lindenberg

12 DRÖHNLAND SYMPHONIE (1978/Teldec)
Udo Lindenberg und das Panik-Orchester

A-Seite:
1. Dröhnland-Ouvertüre (K.: Vincent-Gunia)
2. Øle Pinguin (K.: Lindenberg/Kretschmer; T.: Lindenberg)
3. Höllenfahrt (K.: Lindenberg/Kretschmer; T.: Lindenberg/Meinecke)
4. Lady Whisky (K. + T.: Lindenberg)

B-Seite:
1. Guten Tag, ich heiße Schmidt (K.: Lindenberg/Kravetz; T.: Lindenberg)
2. Na und?! (K.: Lindenberg/Kravetz; T.: Lindenberg)
3. Bett-Män (K.: Lindenberg/Kretschmer; T.: Lindenberg/Freynik)
4. Angelika (K.: Lindenberg/Kretschmer; T.: Lindenberg)
5. Bis ans Ende der Welt (K.: Lindenberg/Kravetz; T.: Lindenberg/Meinecke)

Besetzung:
Toomas Kretschmer, Paul Vincent-Gunia – Gitarren
Steffi Stephan, Dave King – Baß
Bertram Engel – Schlagzeug
Jean-Jacques Kravetz – Tastaturen
Nippy Noya – Percussion
Gebhard Gloning – Saxophon
Dröhnland-Symphoniker, Leitung: Paul Vincent-Gunia
Schmidtsche Marschmusik-Kapelle, angeführt von Herrn O. Oberschmitt
Schlittenhunde, beaufsichtigt von Øle P.

Produktion:
Udo Lindenberg

13 LIVEHAFTIG (1979/Teldec)
Udo Lindenberg und das Panik-Orchester (live, Doppelalbum)

A-Seite:
1. Alles klar auf der Andrea Doria (K. + T.: Lindenberg)
2. Da war soviel los (K. + T.: Lindenberg)
3. Sie ist 40 (K.: Lindenberg; T.: Lindenberg/Meinecke)
4. Medley:
   O-Rhesus-Negativ (K. + T.: Lindenberg)
   Jonny Controlletti (K. + T.: Lindenberg)

Rudi Ratlos (K. + T.: Lindenberg)
Elli Pyrelli (K. + T.: Lindenberg)
Sister King Kong (K. + T.: Lindenberg)

B-Seite:
1. Das kann ma ja auch mal so sehen (K.: Lindenberg/Kretschmer/Stephan; T.: Lindenberg)
2. Schneewittchen (K.: Lindenberg/Cress/King-Virgin; T.: Lindenberg/Meinecke)
3. Meine erste Liebe (K. + T.: Lindenberg)
4. Cowboy (K. + T.: Lindenberg)

C-Seite:
1. Honky Tonky Show (K.: Lindenberg/Böttger; T.: Lindenberg)
2. Angelika (K.: Lindenberg/Kretschmer; T.: Lindenberg)
3. Na und?! (K.: Lindenberg/Kravetz, T.: Lindenberg)
4. Symphatie für den Teufel (Sympathy For The Devil)
   (K. + T.: Jagger/Richard; dt. T.: Lindenberg/Königstein)

D-Seite:
1. Reeperbahn (Penny Lane) (K. + T.: Lennon/McCartney; dt. T.: Lindenberg/Königstein)
2. Johnny B. Goode (Bye Bye Johnny) (K. + T.: Berry)
3. Verdammt, wir müssen raus aus dem Dreck – We've Gotta Get Out Of This Place
   (K. + T.: Mann/Weil; dt. T.: Lindenberg/Königstein)*
4. Hoochie Coochie Man (K. + T.: Dixon)**
5. Candy Jane (K. + T.: Lindenberg)
*   Gesang: Udo Lindenberg und Eric Burdon
** Gesang: Eric Burdon

Besetzung:
Zirkuskapelle: Panik-Orchester
Thomas Kretschmer, Paul Vincent-Gunia – Gitarre
Steffi Stephan – Baß
Jean-Jacques Kravetz – Tastaturen
Bertram Engel – Schlagzeug
Gepard Gloning – Saxophon
Nippy Noya – Percussion
Peter Herbolzheimers Pustefix-Gebläse (Saison '78)
Jodelgast: Jutta Weinhold ('78; B 1)

Stargäste Saison '79:
Eric Burdon, Ingeburg Thomsen, Ulla Meinecke
Artisten + Clowns: u. a. Elli Pyrelli – Gesang

Es handelt sich hier um Konzertmitschnitte aus den Wanderzirkustourneen '78/Januar;
'79/Januar

Produktion:
Produktionsassistent: Steffi Stephan
Hohe Schule der Produktion: Udo Lindenberg

14 DER DETEKTIV – Rock Revue II (1979/Teldec)
Udo Lindenberg und das Panik-Orchester

A-Seite:
1. Der amerikanische Traum (K.: Lindenberg; T.: Lindenberg/Königstein)
2. a) Dialog zu As Time Goes By (K.: Lindenberg; T.: Königstein)
   b) As Time Goes By (K. + T.: Hupfeld/Steiner)
3. New York (New York State Of Mind) (K. + T.: Joel/Lindenberg/Königstein)
4. Es reicht gerade noch zum Überleben (Living For The City)
   (K. + T.: Wonder/Lindenberg/Königstein)
5. Born To Be Wild (K. + T.: Bonfire/Lindenberg/Königstein)
6. Lost Paradise (K. + T.: King)
7. Desperado (K. + T.: Henley/Frey/Lindenberg/Königstein)

B-Seite:
1. Ich steh' ja so auf Disco (K.: Lindenberg/King; T.: Lindenberg/King/Königstein)
2. Baltimore (K. + T.: Newman/Lindenberg/Königstein)
3. Die kleine Stadt (My Little Town) (K. + T.: Simon/Lindenberg/Königstein)
4. Kentucky Mädchen (K. + T.: Lindenberg/King/Königstein)
5. Goodbye, Norma Jean (Candle In The Wind) (K. + T.:
   John/Taupin/Lindenberg/Königstein)

Des Detektivs Traummusikanten:
Bertram Engel, Curt Cress, Dieter Ahrendt – Schlagzeug
Jean-Jacques Kravetz, Joachim Kühn, Uwe Wegner, Dave King – Tastaturen
Dave King, Steffi Stephan – Baß
Thomas Kretschmer (alle Soli), Frank Diez – Gitarre
Gepard Gloning – Saxophon
Peter Herbolzheimers Pustefix-Bläser
Streicheleinheiten von der Hamburger Staatsoper
Freya Wippich, Brigitte Dunklau – Disco-Miezen
Freya Wippich – Miss Elsa
Ingeburg Thomsen – »Kentucky Mädchen«

Produktion:
Udo Lindenberg

15 PANISCHE ZEITEN (1980/Teldec)
Udo Lindenberg und das Panik-Orchester

A-Seite:
1. Die Heizer kommen (K.: Kretschmer; T.: Lindenberg)
2. Katze (K.: Lindenberg/Kretschmer; T.: Lindenberg)
3. Auf heißer Spur (K. + T.: Lindenberg)
4. Raketen-Rocker (K.: Lindenberg/Kretschmer; T.: Lindenberg)
5. Deutsche Nationalhymne (K.: Haydn; T.: Lindenberg)

B-Seite:
1. Jamaika (K.: Lindenberg/Kravetz; T.: Lindenberg)
2. Leinwand (K. + T.: Lindenberg)
3. Du warst wie ein Erdbeben (K.: Kretschmer; T.: Lindenberg)

4. Baby, wenn ich down bin (K. + T.: Lindenberg)*
5. Detektiv Coolman (K. + T.: Lindenberg)
* Gesang: Udo Lindenberg und Leata Galloway

Besetzung:
Thomas Kretschmer, Hannes Bauer – Gitarren
Bertram Engel, Dieter Ahrendt, Thomas Digi – Schlagzeug
Dave King, Steffi Stephan – Baß
Jean-Jacques Kravetz, Dave King, Udo Lindenberg – Klavier und Synthies
Leata Galloway, Spürnasen-Kinderchor – Vokalgäste

Produktion:
Udo Lindenberg und Dave King

16 ROCK IN DEUTSCHLAND, Vol. 2 (1980/Teldec)
Udo Lindenberg und das Panik-Orchester

A-Seite:
1. Rock 'n' Roll Band (K. + T.: Lindenberg) (1973; aus der LP: PANIK-UDO)
2. Alles klar auf der Andrea Doria (K. + T.: Lindenberg)
   (1973; aus der LP: ALLES KLAR AUF DER ANDREA DORIA)
3. Boogie Woogie-Mädchen (K. + T.: Lindenberg) (1973; aus der LP:
   ALLES KLAR AUF DER ANDREA DORIA)
4. Candy Jane (K. + T.: Lindenberg) (1973; Single-Erstveröffentlichung)
   (siehe auch LP: PANIK-UDO)
5. Ganz egal (K.: Lindenberg/Allaut; T.: Lindenberg)
   (1973; aus der LP: ALLES KLAR AUF DER ANDREA DORIA)
6. Na und?! (K.: Lindenberg/Kravetz; T.: Lindenberg)
   (1978; aus der LP: DRÖHNLAND SYMPHONIE)

B-Seite:
1. Jonny Controlletti (K. + T.: Lindenberg) (1974; aus der LP: BALL POMPÖS)
2. Bitte keine Love Story (K. + T.: Lindenberg) (1974; aus der LP: BALL POMPÖS)
3. Der Malocher (K. + T.: Lindenberg) (1975; aus der LP: VOTAN WAHNWITZ)
4. Radio Song (K. + T.: Lindenberg) (1976; aus der LP: GALAXO GANG)
5. Rock 'n' Roller (K. + T.: Lindenberg) (1976; aus der LP: GALAXO GANG)
6. Ich träume oft davon, ein Segelboot zu klau'n
   (K. + T.: Lindenberg/Bohm) (1976; Single-Erstveröffentlichung;
   aus dem Film »Nordsee ist Mordsee«)

Das Panik-Orchester:
Udo Lindenberg – Gesang
Udo Lindenberg, Backi Backhausen, Keith Forsey, Dieter Ahrendt, Bertram Engel –
Schlagzeug
Udo Lindenberg – Piano
Gottfried Böttger – Klavier
Jean-Jacques Kravetz – Klavier, Orgel
Udo Lindenberg, Thomas Kretschmer, Karl Allaut, Helmut Franke, Roger Hook, Peter
Hesslein – Gitarren
Steffi Stephan – Baß
132   Peter Herbolzheimer & W. Schmitz – Posaunen

Produktion:
Udo Lindenberg und Thomas Kukuck

17 UDOPIA (1981/Teldec)
Udo Lindenberg und das Panik-Orchester

A-Seite:
1. Straßen-Fieber (K.: Supa; T.: Lindenberg/Amendt)
2. Mit dem Sakko nach Monakko (K. + T.: Lindenberg)
3. Gegen die Strömung (K.: Lindenberg/King; T.: Lindenberg)
4. Affenstern (K.: Lindenberg/King; T.: Lindenberg)
5. Sandmännchen (K.: Lindenberg/Kravetz; T.: Lindenberg)

B-Seite:
1. Grande Finale (K.: Lindenberg/King; T.: Lindenberg)
2. Ali (K.: Lindenberg/Kravetz/Stephan/Passmann; T.: Lindenberg)
3. Jonny Gigolo (K.: Lindenberg/Kravetz/Stephan/Passmann; T.: Lindenberg)
4. Kann denn Liebe Sünde sein (K.: Brühne; T.: Balz)
5. Kugel im Colt (K. + T.: Lindenberg)

Besetzung:
Hannes Bauer, Elliot Randall, Peter Hesslein, Mike Miranda – Gitarren
Jean-Jacques Kravetz, Thor Baldurson, Udo Lindenberg, Dave King,
Thomas Sequi – Keyboards
Steffi Stephan, Dave King – Baß
Bertram Engel, Thommy Price, Thomas Digi – Schlagzeug
Nippy Noya – Percussion
Bolle Burmeister – Klarinette
Rale Oberpichler, Freya Wippich, Elisabeth Richelsen und
die Karlos-Kopflos-Singers – Chöre

Produktion:
Udo Lindenberg, Co-Produktion: Dave King

18 INTENSIVSTATIONEN (1982/Teldec)
Udo Lindenberg und das Panik-Orchester (live, Doppelalbum)

A-Seite:
1. Die Heizer kommen (K.: Kretschmer, T.: Lindenberg)
2. Born To Be Wild (K. + T.: Bonfire; dt. T.: Lindenberg/Königstein)
3. Baby, wenn ich down bin (K. + T.: Lindenberg)*
4. Jimmy (K. + T.: Molfetta)**
5. Bis ans Ende der Welt (K.: Lindenberg/Kravetz; T.: Lindenberg/Meinecke)
* Gesang: Udo Lindenberg und Helen Schneider
** Gesang: Helen Schneider

B-Seite:
1. Riskante Spiele (K.: Lindenberg/Allaut; T.: Lindenberg)
2. Lady Whisky (K. + T.: Lindenberg)
3. Ich bin Rocker (K. + T.: Lindenberg)

133

4. Katze (K.: Lindenberg/Kretschmer; T.: Lindenberg)
5. Leider nur ein Vakuum (K. + T.: Lindenberg)

C-Seite:

1. Affenstern (K.: Lindenberg/King; T.: Lindenberg)
2. Mit dem Sakko nach Monakko (K. + T.: Lindenberg)
3. Johnny Gigolo (K.: Lindenberg/Kravetz/Stephan/Passmann; T.: Lindenberg)
4. Kann denn Liebe Sünde sein? (K.: Brühne; T.: Balz)
5. Wozu sind Kriege da? (K. + T.: Lindenberg)

D-Seite:

1. Hungry Girl (K. + T.: Rumpf)*
2. Gene Galaxo
   a) 1990 (K.: Lindenberg/Kravetz; T.: Lindenberg)
   b) Der Mutant (K.: Lindenberg/Kukuck/Herbholzheimer;
      T.: Lindenberg)
   c) Die Welt ist prima (K. + T.: Lindenberg)
3. No Future? (K. + T.: Lindenberg)
4. Diagnose (K. + T.: Lindenberg)
5. Grande Finale (K. + T.: Lindenberg)
* Gesang: Inga Rumpfs Reality

Besetzung:
Steffi Stephan – Baß
Bertram Engel – Schlachtzeug (Schlagzeug)
Jean-Jacques Kravetz – Tastaturen
Hannes »Feuer« Bauer – Gitarren
Gepard von Schwert – Saxophon
Nippy Noya – Percussion

Tournee-Gast '80:
Helen Schneider
Tournee-Gäste '81:
Inga Rumpf & Reality
Jimmi Fox – Gitarre
Heinz Gembus – Baß
Mickie Stickdorn – Drums

Mitschnitte: »Heizer-Tour '80«/»Udopia-Tour '81«

Produktion:
Udo Lindenberg

Co-Produzzel: Steffi Stephan

19 KEULE (1982/Teldec)
Udo Lindenberg und das Panik-Orchester

A-Seite:

1. Urmensch (K.: Lindenberg/Lynch/Brown; T.: Lindenberg)
2. Zwischen Rhein und Aufruhr (K.: Lindenberg/Lynch/Brown;
   T.: Lindenberg)

3. Phantom (K. + T.: Lindenberg)
4. Sie liebten sich gigantisch (K. + T.: Lindenberg)
5. Körper (K.: Lindenberg; T.: Humpe)
6. Bei uns in Spananien (K. + T.: Lindenberg)

B-Seite:
1. Gesetz (K.: Lindenberg/Lynch; T.: Lindenberg)
2. Jacques Gelee (K. + T.: Lindenberg)
3. Ratten (K.: Lindenberg/Lynch/Brown; T.: Lindenberg)
4. Geile Götter (K. + T.: Lindenberg)
5. Astronaut (K.: Kravetz; T.: Lindenberg)

Besetzung:
George Lynch, Fritz Fetzer, Peter Hesslein – Gitarren
Mick Brown, Thomas Digi, Bertram Engel – Schlagzeug
Bertram Engel – Schlagzeug-Dubs
Juan Croucier, Dave King, Steffi Stephan – Baß
Kristian Schultze, Udo Lindenberg, Jean-Jacques Kravetz – Keyboards
Udo Lindenberg – Balls
Benny Gebauer – Saxophon
Claudia Immerschöner – Gesang (A 4)

Produktion:
Udo Lindenberg

20 UDO LINDENBERG (1982/Teldec)

A-Seite:
1. Rudi Ratlos (K. + T.: Lindenberg) (1974)
2. Honky Tonky Show (K.: Lindenberg/Böttger; T.: Lindenberg) (1974)
3. Alles klar auf der Andrea Doria (K. + T.: Lindenberg) (1973)
4. Born To Be Wild (K. + T.: Bonfire/Lindenberg/Königstein) (1979)
5. Bodo Ballermann (K. + T.: Lindenberg) (1976)
6. Wozu sind Kriege da? (K. + T.: Lindenberg) (1981;
   Single-Erstveröffentlichung)

B-Seite:
1. Jonny Controlletti (K. + T.: Lindenberg) (1974)
2. Guten Tag, ich heiße Schmidt (K.: Lindenberg/Kravetz;
   T.: Lindenberg) (1978)
3. Kugel im Colt (K. + T.: Lindenberg) (1981)
4. Kann denn Liebe Sünde sein (K.: Brühne; T.: Balz) (1981)
5. Reeperbahn (Penny Lane) (K. + T.: Lennon/McCartney;
   dt. T.: Lindenberg/Königstein) (1978)
6. Grande Finale (K.: Lindenberg/King; T.: Lindenberg) (1981)

21 ODYSSEE (1983/Polydor)
Udo Lindenberg und das Panik Orchester

1. Odyssee (K.: Petersen; T.: Haynes; dt. T.: Lindenberg)
2. Dr. Kimbel auf der Flucht (Stompin' At The Savoy)
   (K.: Goodman/Webb/Sampson; T.: Razaf;
   dt. T.: Lindenberg/Strecker/Kübler)
3. Du knallst in mein Leben (K.: Petersen; T.: Lindenberg)
4. Sonderzug nach Pankow (Chattanooga Choo Choo) (K.: Warren;
   T.: Gordon; dt. T.: Lindenberg)
5. Killer-Kino (K.: Allaut; T.: Lindenberg)
6. Body Building Braut (K.: Lindenberg/Allaut; T.: Lindenberg)

B-Seite:
1. Ich bin beim Bund (K. + T.: Lindenberg)
2. Kleiner Junge (K.: Schaper; T.: Lindenberg)
3. Kralle (K.: Schaper; T.: Lindenberg)
4. Heyooh Guru (K.: Last/Last jr.; T.: Lindenberg/Strecker/Kübler)
5. Mein Onkel Joe (K.: Lindenberg/Herbolzheimer; T.: Lindenberg)

Bandorchester:
Kristian Schultze, Udo Lindenberg, Detlef Petersen,
Hendrik Schaper, Stevie und Werner Last – Keyboards
Karl Allaut, Stephan Kleinkrieg – Gitarren
Dave King – Baß
Kraach in de Kist, Gustav Gnadenlos – Schlagzeug
Olaf Kübler, Heinz v. Hermann – Saxophon

Mitsingende Passagiere:
Freya, Dave, Heike H., Felix, Willi Winzig, Familie Schmidt
und die Tucs, Oliver und Christel van de Post

Käpt'n Wahnsinns Etablasement-Bläser, Leitung: Peter Herbolzheimer

Odyssee-Band LA:
Roger Freeland – Baß
Brian Lucas – Schlagzeug
Ken Rarick – Keyboards
Rocket Ritchotte – Gitarre

Produktion:
Udo Lindenberg

22 LINDSTÄRKE 10 (1983/Polydor)
Udo Lindenberg und das Panik-Orchester (live)

A-Seite:
1. Intro (Anchors Away) (K.: Miles/Zimmermann)*
2. Odyssee (K.: Petersen; T.: Haynes; dt. T.: Lindenberg)
3. Hoch im Norden (K. + T.: Lindenberg)
4. Nichts haut einen Seemann um (K. + T.: Lindenberg)
5. Boogie Woogie-Mädchen (K. + T.: Lindenberg)
136 6. Du heißt jetzt Jeremias (K. + T.: Lindenberg)

7. Heyooh Guru (K.: Last/Last jr.; T.: Lindenberg/Strecker/Kübler)
8. Ich bin von Kopf bis Fuß auf Liebe eingestellt (K. + T.: Hollaender)
9. Körper (K.: Lindenberg; T.: Humpe)
* Marine-Musikkorps Nordsee (1966/Polydor Int. GmbH)

B-Seite:
1. Rock 'n' Roll-Arena in Jena (K.: Kravetz, T.: Lindenberg)
2. Sonderzug nach Pankow (Chattanooga Choo Choo)
   (K.: Warren; T.: Gordon, dt. T.: Lindenberg)
3. Kleiner Junge (K.: Schaper; T.: Lindenberg)
4. Plädoyer für Frieden und Vaterland (K. + T.: Lindenberg)
5. Ich bin beim Bund (K. + T.: Lindenberg)
6. Sängerin (K. + T.: Lindenberg)

Capt'n Wahnsinn's Boardorchester:
Hannes »Feuerbauer« – Gitarre
Steffi Stephan – Baß
Bertram Engel – Schlagzeug
Jean-Jaques Kravetz, Hendrik Schaper – Keyboards
Olaf »Fußpilz« Kibler (Kübler) – Saxophon
Live-Mitschnitt CCH Hamburg, 19. und 20. März 1983

Produktion (Sängerei und Regie):
Udo Lindenberg
Co-Produzent: Steffi Stephan

23 GÖTTERHÄMMERUNG (1984/Polydor)
Udo Lindenberg (und das Panik-Orchester)

A-Seite:.
1. Commander Superfinger (K.: Lindenberg; T.: Lindenberg/Kübler)
2. Russen (K.: Lindenberg; T.: Streusand/Quietschhafer)
3. Narkosegespenst (K.: Lindenberg/Bauer; T.: Lindenberg)
4. Gerhard Gnadenlos (K. + T.: Lindenberg)
5. Sie wollte Liebe (K.: Lindenberg; T.: Lindenberg/Groenewold)
6. Hallo DDR (K.: Bauer; T.: Lindenberg)

B-Seite:
1. Nonnen (K. + T.: Lindenberg)
2. Extremisten (K.: Schaper; T.: Lindenberg)
3. I Love Me Selber (K.: Lindenberg/Bauer; T.: Lindenberg/Groenewold)
4. Familie Kabeljau (K.: Lindenberg; T.: Lindenberg/Kübler)
5. Der große Frieden (K.: Schultze; T.: Lindenberg)

Die Götterhämmerer:
Hannes »Feuer« Bauer, Peter Hesslein, Dave King – Gitarren
Kristian Schultze, Dave King, Hendrik Schaper, Udo Gerhard – Tasten
Steffi Stephan, Dave King – Bässe
Bertram »Blass« Engel, Hotte Hammer – Schlagzeug
Olaf Kübler, Heinz von Hermann – Saxophone
Insisters (Thanx Killy) – Nonnengeflüster
Christine »Hilde« Reth – Novizin **137**

Produktion:
Udo Lindenberg und Dave King

24 RADIO ERIWAHN (1985/Polydor)
Udo Lindenberg und das Panik-Orchester (Studio/live)

A-Seite (Studio):
1. Moskau (K.: Voxx/Rider; T.: Lindenberg)
2. Messer (K.: Voxx/Lindenberg; T.: Lindenberg)
3. Germans (K.: Lindenberg; T.: Lindenberg/Thatcher)
4. Gespenster (K.: Voxx/Lindenberg; T.: Lindenberg)
5. Polyesterliebe (K. + T.: Lindenberg)

B-Seite (live in Moskau):
1. Russen (K.: Lindenberg; T.: Streusand/Quietschhafer).
2. Wozu sind Kriege da? (K. + T.: Lindenberg)*
3. I Love Me Selber (K.: Lindenberg/Bauer; T.: Lindenberg)
4. Sie brauchen keinen Führer (K.: Lindenberg/Schaper; T.: Lindenberg)
5. Sag mir wo die Blumen sind (K. + T.: Seeger; dt. T.: Colpet)**
*   Duett: Udo Lindenberg/Alla Pugatschowa
**   Duett: Udo Lindenberg/Shanna Bitschewskaja

Live-Mitschnitte: Gorki-Park, Moskau ; Lushniki-Stadionhalle, Moskau

Panik-Orchester live:
Hannes Bauer – Gitarre
Steffi Stephan – Baß
Bertram Engel – Schlagzeug
Hendrik Schaper, Jean-Jacques Kravetz – Keyboards
Olaf Kübler – Saxophon

Gäste in Moskau:
Alla Pugatschowa
Shanna Bitschewskaja

Das amtliche Kasatschok-Orchester von Radio Eriwahn:
Jim Voxx – Gitarre, Keyboards, Baß
Derek Ballard – Schlagzeug
Piers Headley – Keyboards
Udo Lindenberg – Polyesterklavier
Dave King – Polyesterbaß, Keyboards
Olaf Kübler – Saxophon
Edith Prock – Jodel Vocal

Produktion:
Udo Lindenberg

25 SÜNDENKNALL (1985/Polydor)
Udo Lindenberg

A-Seite:
1. Sündenknall (K. + T.: Lindenberg)
2. Totales Paradies (K. + T.: Lindenberg)
3. Samenbank (K.: Lindenberg/Voxx/Bauer; T.: Lindenberg)
4. Datenbank (K. + T.: Lindenberg)
5. D-471 8161 (K.: Lindenberg/Voxx/Rider; T.: Lindenberg)
6. Lover Man (K.: Ramirez; T.: Davis)
7. Smog-Rock (K.: Lindenberg/Voxx; T.: Lindenberg/Groenewold)

B-Seite:
1. Helmut Owiewohl (K. + T.: Mandel; dt. T.: Lindenberg)
2. Bananenrepublik (K. + T.: Lindenberg)
3. Frau Lindi (K.: Lindenberg/Voxx; T.: Lindenberg)
4. Wir rasen durch's Heute (K. + T.: Lindenberg)
5. Ich brech' die Herzen der stolzesten Frauen (K.: Brühne; T.: Balz)

Besetzung:
Karl Allaut, Jim Voxx – Gitarren
Dave King, Udo L., Detlef Reshöft, Uwe Wegner – Keyboards
Dave King – Baß
Dieter Ahrendt, Derek Ballard, Carl Cnall – Schlagzeug
Vocal-Gast: Carl Brutal (Lover Man)
Chöre: Die Sahne Sisters: Lola Venske, Claudia Cattenbusch, Andrea Wilke

Produktion:
Udo Lindenberg und Dave King

26 PHÖNIX (1986/Polydor)
Udo Lindenberg

A-Seite:
1. In den Ruinen von Berlin (K. + T.: Hollaender; Subtext: Lindenberg)
2. Ich weiß nicht zu wem ich gehöre (K.: Hollaender; T.: Hollaender/Liebmann)
3. Horizont (K.: Lindenberg; T.: Lindenberg/Reszat)
4. Find' ich gut (Ede Ödelmann) (K.: H. P. Ströer/E. Ströer;
   T.: Lindenberg/Kübler)
5. Americans In Europe (K.: King; T.: Lindenberg/Thatcher)
6. Sternenreise (K. + T.: Lindenberg)

B-Seite:
1. Say No (K.: Lindenberg; T.: Brecht/Lindenberg)
2. Jonny Boxer (K.: Lindenberg; T.: Königstein/Lindenberg)
3. Darum lieb' ich dich noch mehr (K.: Lindenberg/Plass; T.: Lindenberg)
4. Spion (K. + T.: Lindenberg)
5. Wenn die Sonne hinter den Dächern (K.: Kreuder; T.: Schwenn)

Besetzung:
David Rhodes, Wesley Plass – Gitarren
Frank Loef, Herb Geller – Saxophon
Claus Reichstaller, Johannes Faber – Trompete
Kristian Schultze – Piano

Elmar Schmidt – Schlagzeug
Dave King – Synthesizer, Baß
Hans P. Ströer – Banjo, Akkordeon, Piano, (Fretless) Baß, Synthesizer, Gitarre, Effects
Ernst Ströer – Hand-Drumkit, Percussion, Effects
Babette – Pariser Schwalbe
Erika Detmer – Opernschrei, Walküre
Christine Sargnet, Victoria Miles – Backing Vocals
Victoria, Sheila, Nadine – Backing Vocals
Die Weberzwerge – Kinderchor
Igors Wolga Voices
Die Vielharmoniker-Barbershop Choir, Leitung: Gert Wilden sen.
Die Samba Experten aus Rio
Produktion:
Ströer Bros. und Udo Lindenberg
(A 1, 2, 3, 4; B 2, 4, 5)
Dave King und Udo Lindenberg (A 5; B 1, 3)
Udo Lindenberg (A 6)

27 FEUERLAND (1987/Polydor)
Udo Lindenberg und das Panik-Orchester

A-Seite:
1. Der Generalsekretär (K. + T.: Lindenberg)
2. Ich lieb' dich überhaupt nicht mehr (K. + T.: Lindenberg)
3. Der Lindische Ozean (K.: Lindenberg/Carlton/Stephan/Kravetz/ Engel;
   T.: Lindenberg)
4. Wie 'n alter Freund (K.: Papst/Hermann/Rhode;
   T.: Lindenberg/Reszat)
5. Eine Stadt (Billie's Bounce) (Medley) (K.: Parker; Medley:
   Lindenberg/H. P. Ströer/E. Ströer; T.: Lindenberg)

B-Seite:
1. Ein Kommen und Gehen (K. + T.: Lindenberg)
2. Augen in der Gross-Stadt (K.: Lindenberg/Carlton/Stephan/Engel; T.: Tucholsky)
3. 98 Luftballons (K.: Fahrenkrog-Petersen/Karges;
   Spezialtext: Lindenberg)
4. Rhythm-A-Ning (Raubtier) (K.: Monk; T.: Lindenberg)
5. Good Bye Jonny (K.: Kreuder; T.: Beckmann)

Besetzung:
Wesley Plass, Carl Carlton – Gitarren
Jean-Jacques Kravetz, Thomas Hiltner, Udo Lindenberg – Keyboards
Claus Reichstaller, Franz Weirer – Trompete
Frank Loef – Tenorsaxophon
Thomas Zoller – Baritonsaxophon
Steffi Stephan – Baß
Bertram Engel – Schlagzeug, Percussion, Keyboards, Gesang
Hans P. Ströer – Gitarre, Baß, Keyboards
Ernst Ströer – Rhythm, Troyan Drums
Mirjam Giana – Gesang
Karen und Laura Thatcher – Gesang

Felix Fantomax – Indianerschrei
Carl, Steffi, Bertram, Udo – Hard Chor
Allotria Jazzmen München – Brass
Schalmeienorchester München

Produktion:
Udo Lindenberg und Steffi Stehphan (A 1, 3; B 2, 5)
Udo Lindenberg und die Ströer Brothers (A 2, 4, 5; B 1, 4)
Udo Lindenberg (B 3)

28 HERMINE (1988/Polydor)
Udo Lindenberg singt Lieder von 1929 bis 1988

A-Seite:
1. Hermine (K.: Lindenberg; Zwischenspiel: H. P. Ströer;
   T.: Lindenberg/Königstein) (1987)
2. Die Nacht ist nicht allein zum Schlafen da …
   (K.: Mackeben; T.: Hesse) (1939)
3. Bel Ami (K.: Mackeben; T.: Beckmann) (1939)
4. Ich mache alles mit den Beinen (K. + T.: Hollaender) (1929)
5. Frau Schmitz (K. + T.: Lindenberg) (1987)
6. So oder so ist das Leben (K.: Mackeben; T.: Beckmann) (1934)

B-Seite:
1. Wenn ich mir was wünschen dürfte (K. + T.: Hollaender) (1931)*
2. Sachliche Romanze (K.: Lindenberg; T.: Kästner) (1930)
3. You Are My Lucky Star/Du sollst mein Glücksstern sein
   (K.: Brown; engl. T.: Freed; dt. T.: Amberg)
   (aus dem Film »Broadway Melodie« von 1936)
4. Illusions (K. + T.: Hollaender) (aus dem Billy-Wilder-Film
   »A Foreign Affair«, 1948)*
5. Und es sind die finstern Zeiten (K.: Eisler; T.: Brecht)
   (Gedichte 1941–1947)
6. Bremerhaven (K. + T.: Lindenberg) (1987)
7. Und über uns der Himmel (K.: Mackeben; T.: Freytag) (1947)
8. Epilog: Walzer mit Hermine (K.: Lindenberg)
*Prolog: Marlene Dietrich, aufgenommen in ihrer Pariser Wohnung am 23. Oktober 1987

Besetzung:
Dieter Faber – Gitarre
Lech Wieleba – Kontrabaß
Ali Husseini – Schlagzeug
Pepe Solera, Steve Baker – Mundharmonika
Rudy Risavy, Susanne Pocs – Violine
Michael Pocs – Sopran-, Tenor- und Baritonsaxophon
Bernhard Asche – Altsaxophon
Frank Loef – Saxophon
Hubert Stollenwerk – Trompete, Flügelhorn
Michael Danner – Posaune
Udo Lindenberg – Klavier
Uwe Wegner – Klavier, Synthesizer, Emax   ***141***

Ernst Ströer – Rhythm, Sounds, Beine und mehr, Leben und mehr, Kaffeelöffel
Hans P. Ströer – Sampling-Keyboard, Akkordeon
Michael Pohnke – Computer Programming
180 Mädchenbeine – Steps
Nina Schulz – Gesang
»Die Gründgens-Kinder« – Chor
Münchner Philharmoniker, Streicher der Münchner Philharmoniker,
Leitung: Hans P. Ströer

Produktion:
Udo Lindenberg und Horst Königstein
Ströer Bros. (A 1, 2; B 2, 3, 4, 6)
Uwe Wegner (A 3, 4, 6; B 1, 4, 5, 7)

29 CasaNova (1988/Polydor)
Udo Lindenberg

A-Seite:
1. Dirty Old Man (K.: Lindenberg; T.: Lindenberg/Königstein)
2. Die Klavierlehrerin (K.: Lindenberg; dt. T.: Lindenberg/Königstein;
   engl. T.: Muller)
3. Airport (Dich wiedersehn …) (K. + T.: Lindenberg)
4. Eifersucht (K.: Lindenberg; T.: Lindenberg/Maccarone)

B-Seite:
1. Bist du vom KGB …? (K.: Kipp; T.: Lindenberg)
2. Wenn du mein Kind wärst (K. + T.: Lindenberg)
3. Frauen (K.: Lindenberg/Schaper; T.: Lindenberg)
4. Vopo (K. + T.: Lindenberg)*
5. Goodbye Sailor (K.: Lindenberg/Schaper; T.: Lindenberg)
*(1983)

Besetzung:
Michael Martin, Chaz Jankel, Zeus B. Held, Hendrik Schaper,
Rainer Kipp, Udo Lindenberg – Keyboards
Zeus B. Held, Hendrik Schaper, Rainer Kipp, Udo Lindenberg – Programmierung
Hendrik Schaper – Musical inspiration (B 2)
Hans P. Ströer – Keyboards, Baß, Gitarre
Ernst Ströer – Rhythm, Percussion
Rainer Kipp – Voxcoder
Mike Sturgis – Schlagzeug, Burundi drums
Drummie Zeb (from Aswad) – Schlagzeug, Rap, Mouthpercussion
Luis Jardim – Percussion
Udo Lindenberg – Rap, Mouthpercussion, Einsamer Mann an der Mauer (B 4)
Sheriff – Rap
Cesare – Scratch
Nigel Ross-Scott, Tony Gad (from Aswad), Hendrik Schaper – Baß
Rudy Risavy – Violine
Jim Copley – Cymbals
Billy Liesegang, Jim Williams – Gitarren
B. J. Cole – Slide

Simon Rogers – Flamenco-Gitarre
Mark Griffith – Akustik-Gitarre
Simon Clarke – Alt- und Baritonsaxophon, Piccoloflöte
Tim Sanders – Sopran- und Tenorsaxophon
Roddy Lorimer – Trompete
Chris Lawrence – Posaune (The Kick Horns)
Ack van Royen – Flügelhorn
Emma Feather – Mysterious Steps (B 1)
Mae McKenna, Jackie Challenor, Lorenza Johnson (The Soultanas, A 1; Petting Shop
Girls, A 2)
Nina Hagen – Special Contribution (A 2), Guest Vocal (A 3), Einsame Frau an der Mauer
(B 4)
Mae McKenna – Sopran (A 4)
The Soultanas – Wailing Morrocan Women (B 3)
The Leningrad Nautical Choir after too many glasnosts (B 5)

Produktion:
Zeus B. Held und Horst Königstein
Ströer Bros. und Horst Königstein (A 3; B 2)
Rainer Kipp und Zeus B. Held (B 1)

30 BUNTE REPUBLIK DEUTSCHLAND (1989/Polydor)
Udo Lindenberg

A-Seite:
1. Reeperbahn (K. + T.: Lindenberg)
2. 14 oder 40 (K.: Schaper; T.: Lindenberg)
3. Vom Opfer zum Täter (K.: Lindenberg/Schaper; T.: Lindenberg/Maccarone)
4. Bunte Republik Deutschland (K. + T.: Lindenberg)
5. 16 Jahr (K.: Auriat; T.: Lindenberg/Hachfeld)

B-Seite:
1. Nathalie aus Leningrad (K.: Schaper; T.: Lindenberg/Maccarone)
2. Geleee (K. + T.: Lindenberg)
3. Bumerang (K. + T.: Lindenberg)
4. So ein Gezappel (K. + T.: Lindenberg)
5. Weißt du, wieviel Sternlein stehen? (K.: Volksweise/Schaper;
   T.: Volksweise/Lindenberg/Maccarone)
6. Belalim (K.: Livaneli; T.: Aksu/Livaneli; Spezialübersetzung:
   Maccarone/Lindenberg)*
*nur auf CD/MC
Besetzung:
Karl Allaut, Kieran, Hans P. Ströer, Erdem Sökmen (B 6) – Gitarren
Erkan Ugur – Bundlose Gitarre (B 6)
Hendrik Schaper, Hans P. Ströer – Keyboards
M. Suder – Violine (B 6)
Curt Cress, Ernst Ströer – Schlagzeug
Reggie Worthy, Hans P. Ströer, Lucas, Onno Tunc (B 6) – Baß
Afro-Anatol Flames, Ernst Ströer, Onno Tunc (B 6) – Percussion
Afro-Anatol Flames – Saz
Georg Schwenk – Musette-Akkordeon

Lucas, Kieran, Hendrik, Klaus, Jean – Chor
Ilknur Kanbur – türkischer Gesang
Jean Autret – französische Stimme
Lisa Oppermann – Kindergesang
Sezen Aksu – Gesang (B 6)

Produktion:
Udo Lindenberg und Hendrik Schaper
Udo Lindenberg und die Ströer Bros. (A 5; B 3)

II _____

31 GEEN PANIEK (1978/Teldec)
Udo Lindenberg und das Panik-Orchester

A-Seite:
1. Resus-Negatief (O-Rhesus-Negativ) (K. + T.: Lindenberg; ndl. T.: Nuissl)
2. Elli Pyrelli (K. + T.: Lindenberg, ndl. T.: Nuissl)
3. Jonny als de dood (Jonny Controlletti) (K. + T.: Lindenberg; ndl. T.: Eduard)
4. Mijn eerste grote liefde (Meine erste Liebe)
   (K. + T.: Lindenberg; ndl. T.: Nuissl)
5. Bodo Ballegek (Bodo Ballermann) (K. + T.: Lindenberg; ndl. T.: Eduard)

B-Seite:
1. De Dirigent (Der Dirigent) (K. + T.: Lindenberg; ndl. T.: Eduard)
2. Votan waanzin (Votan Wahnwitz) (K.: Lindenberg/Herbolzheimer; T.: Lindenberg; ndl. T.:
   Eduard)
3. Nina (K.: Lindenberg/Kretschmer; T.: Lindenberg; ndl. T.: Nuissl)
4. Rudi Raadloos (Rudi Ratlos) (K. + T.: Lindenberg; ndl. T.: Nuissl)
5. Rock & Roll Band (Rock 'n' Roller) (K. + T.: Lindenberg; ndl. T.: Nuissl)

Besetzung:
Thomas Kretschmer, Paul Vincent-Gunia, Karl Allaut,
Helmut Franke – Gitarren
Steffi Stephan, Dave King – Baß
Dieter Ahrendt, Keith Forsey, Curt Cress – Schlagzeug
Jean-Jacques Kravetz, Gottfried Böttger, Kristian Schultze,
Geoffrey Paley – Keyboards
Peter Herbolzheimer – Bläser und Streicher
Ferner: Lonzo Westphal, Peter Hesslein, Roger Hook, Elli Pyrelli,
Bruno's Salon Band, Ralfolino Hermann
Mit Dank an:
Jerney Kaagman (A 4, 5)
Bart van Schoonhoven (A 5; B 2)

Produktion:
Udo Lindenberg, Thomas Kukuck, Jaap Eggermont

32 BERLIN (1981/Island Records)
Udo Lindenberg (Maxi-Single)

A-Seite:
Berlin (K. + T.: Lindenberg/King)

B-Seite:
1. Street Sense (K. + T.: Supa)
2. They're Coming (K. + T.: Lindenberg/King)

Produktion:
Udo Lindenberg und Dave King
Co-Produktion: Jean Paul Fetta

33 UDO LINDENBERG (1982/Amiga)
Udo Lindenberg und das Panik-Orchester

A-Seite:
1. Wozu sind Kriege da? (1981)*
2. Mister Nobody (1977)
3. Riki Masorati (1977)
4. Gerhard Gösebrecht (1974)
5. Elli Pyrelli (1975)
6. Die größte Liebe (1973)

B-Seite:
1. Fliesenlied (1977)
2. Teddi (1977)
3. Sie ist 40 (1977)
4. Cowboy (1977)
5. Votan Wahnwitz (1975)
6. Alles klar auf der Andrea Doria (1973)
*Gesang: Udo Lindenberg und Pascal

34 I DON'T KNOW WHO I SHOULD BELONG TO (1987/Polydor)
Udo Lindenberg

A-Seite:
1. I Don't Know Who I Should Belong To (K.: Hollaender;
   T.: Hollaender/Liebmann; engl. T.: Thatcher)
2. Johnny Boxer (K.: Lindenberg; T.: Lindenberg/Königstein;
   engl. T.: Thatcher)
3. Americans In Europe (K.: King; T.: Lindenberg/Thatcher)
4. When The Sun Sets (K.: Kreuder; T.: Schwenn; engl. T.: Thatcher)
5. The Night (K.: Mackeben; T.: Hesse; engl. T.: Thatcher)

B-Seite:
1. Say No (K.: Lindenberg; T.: Brecht/Lindenberg; engl. T.: Thatcher)
2. Germans (K. + T.: Lindenberg; engl. T.: Thatcher)
3. Horizon (K.: Lindenberg; T.: Lindenberg/Reszat; engl. T.: Applegate)
4. Spy (K. + T.: Lindenberg, engl. T.: Thatcher)
5. Sachliche Romanze (K.: Lindenberg; T.: Kästner; engl. T.: Thatcher)

Englische Textübersetzungen:
Mike Thatcher; B 3: M. S. Applegate

Produktion:
The Ströer Brothers, Dave King und Udo Lindenberg

35 PJESNI WMJESTO PISJEM/SONGS INSTEAD OF LETTERS (1988/Melodija, Polydor)
Udo Lindenberg – Alla Pugatschewa

A-Seite:
(Obraschtschenja Udo Lindenberga) (in English) (1987)
1. Gorisont/Horizon (K.: Lindenberg; T.: Lindenberg/Reszat;
   · engl. T.: Applegate)
2. Dschonni Bokser/Johnny Boxer (K.: Lindenberg;
   T.: Lindenberg/Königstein; engl. T.: Thatcher)
3. Ja nje snaju/I Don't Know How I Should Belong To (K.: Hollaender; T.:
   Hollaender/Liebmann; engl. T.: Thatcher)
4. Skaschi »Njet«/Say No (K.: Lindenberg; T.: Brecht/Lindenberg;
   engl. T.: Thatcher)
5. Romans/Sachliche Romanze (K.: Lindenberg; T.: Kästner;
   engl. T.: Thatcher)

B-Seite:
(Otwjet Allui Pugatschewui) (1988)
1. Allo/Hello (K.: Pugatschewa; T.: Nikolajew)
2. Sbjergjegi tebja sudba/Let The Fate Save You (K.: Wjesnina;
   T.: Derbjenjew)
3. Ptiza Pjewtschaja/Song-Bird (K. + T.: Kusmin)
4. W rodnom kraju/In Home Land (K. + T.: Pugatschewa)

III ―――――――――――――――――――――――――――――――――――――――

Titelliste (Nr. in der LP-Liste/LP-Seite, Titelnummer)

A
98 Luftballons (27/B 3)
Affenstern (17/A 4; 18/C 1)
Airport (Dich wiedersehn …) (29/A 3)
Ali (17/B 2)
Alkoholmädchen (2/B 4)
Alles im Lot auf dem Riverboat (5/B 3)
Alles klar auf der Andrea Doria (3/A 1; 13/A 1; 16/A 2; 20/A 3; 33/B 6)
Allo/Hello (35/B 1)
Americans In Europe (26/A 5; 34/A 3)
Angelika (12/B 4; 13/C 2)
As Time Goes By (14/A 2b)
Astronaut (19/B 5)
Auf heißer Spur (15/A 3)
Augen in der Gross-Stadt (27/B 2)

B

Baby, wenn ich down bin (15/B 4; 18/A 3)
Baltimore (14/B 2)
Bananenrepublik (25/B 2)
Bei uns in Spananien (19/A 6)
Belalim (30/B 6)
Bel Ami (28/A 3)
Berlin (32/A)
Bett-Män (12/B 3)
Biochemon (2/A 4)
Bis ans Ende der Welt (12/B 5; 18/A 5)
Bist du vom KGB …? (29/B 1)
Bitte keine Love Story (4/A 5; 16/B 2)
Bodo Ballegek (Bodo Ballermann) (31/A 5)
Bodo Ballermann (7/B 1; 8/B 2; 20/A 5)
Body Building Braut (21/A 6)
Boogie Woogie-Mädchen (3/A 2; 16/A 3; 22/A 5)
Born To Be Wild (14/A 5; 18/A 2; 20/A 4)
Bremerhaven (28/B 6)
Bumerang (30/B 3)
Bunte Republik Deutschland (30/A 4)

C

Candy Jane (8/A 2; 13/D 5; 16/A 4)
Cello (3/B 4; 8/B 4)
Commander Superfinger (23/A 1)
Cowboy (10/B 4; 13/B 4; 33/B 4)
Cowboy Rocker (4/B 3)

D

Daniel's Time Machine (Daniel's Zeitmaschine) (6/A 4)
Daniel's Zeitmaschine (5/A 3)
Darum lieb' ich dich noch mehr (26/B 3)
Das kann man ja auch mal so sehen (5/B 4; 13/B 1)
Datenbank (25/A 4)
Daumen im Wind (2/A 1)
Da war soviel los (5/A 4; 13/A 2)
De Dirigent (Der Dirigent) (31/B 1)
Der amerikanische Traum (14/A 1)
Der Boß von der Gang (Leader Of The Pack) (11/B 3)
Der Dirigent (5/A 1)
Der Generalsekretär (27/A 1)
Der große Frieden (23/B 5)
Der Lindische Ozean (27/A 3)
Der Malocher (5/A 5; 16/B 3)
Der Mutant (siehe: Gene Galaxo)
Der Sizilianische Werwolf (10/A 4)
Der Teufel ist los (9/A 5)
Desperado (14/A 7)
Detektiv Coolman (15/B 5)
Deutsche Nationalhymne (15/A 5)
Diagnose (18/D 4)

Dialog zu As Time Goes By (14/A 2a)
Die Bühne ist angerichtet (9/A 1)
Die größte Liebe (3/B 6; 33/A 6)
Die Heizer kommen (15/A 1; 18/A 1)
Die Kinder deiner Kinder (2/B 3)
Die Klavierlehrerin (29/A 2)
Die kleine Stadt (My Little Town) (14/B 3)
Die Nacht ist nicht allein zum Schlafen da … (28/A 2)
Die Welt ist prima (siehe: Gene Galaxo)
Dirty Old Man (29/A 1)
Dr. Chicago (3/B 3)
Dr. Kimbel auf der Flucht (Stompin' At The Savoy) (21/A 2)
Dröhnland-Ouvertüre (12/A 1)
Du heißt jetzt Jeremias (3/B 1; 22/A 6)
Du knallst in mein Leben (21/A 3)
Du warst wie ein Erdbeben (15/B 3)
D-471 8161 (25/A 5)

E

Eifersucht (29/A 4)
Eine Stadt (Billie's Bounce) (27/A 5)
Ein Kommen und Gehen (27/B 1)
Elli Pyrelli (5/B 2; 6/B 1; 13/A 4; 31/A 2; 33/A 5)
Emanuel Flippmann und die Randale-Söhne (9/A 2)
Epilog: Walzer mit Hermine (28/B 8)
Er wollte nach London (3/B 5)
Es reicht gerade noch zum Überleben (Living For The City) (14/A 4)
Extremisten (23/B 2)

F

Familie Kabeljau (23/B 4)
Felix (siehe Lililiputaner)
Find' ich gut (Ede Ödelmann) (26/A 4)
Fliesenlied (10/B 1; 33/B 1)
Flipper (10/B 5)
Frauen (29/B 3)
Frau Lindi (25/B 3)
Frau Schmitz (28/A 5)

G

Ganz egal (3/A 4; 16/A 5)
Gegen die Strömung (17/A 3)
Geile Götter (19/B 4)
Geleee (30/B 2)
Gene Galaxo (7/B 2; 18/D 2)
Gerhard Gnadenlos (23/A 4)
Gerhard Gösebrecht (4/B 1; 33/A 4)
Germans (24/A 3; 34/B 2)
Gesetz (19/B 1)
Gespenster (24/A 4)
Glitzerknabe (4/B 6)
Good Bye Jonny (27/B 5)

Goodbye, Norma Jean (Candle In The Wind) (14/B 5)
Goodbye Sailor (29/B 5)
Good Life City (2/A 2; 8/A 3)
Grande Finale (17/B 1; 18/D 5; 20/B 6)
Guten Tag, Herr Filmproduzent (5/A 6)
Guten Tag, ich heiße Schmidt (12/B 1; 20/B 2)

H

Hallo DDR (23/A 6)
Helmut Owiewohl (25/B 1)
Hermine (28/A 1)
Heyooh Guru (21/B 4; 22/A 7)
Hoch im Norden (2/B 1; 8/A 1; 22/A 3)
Höllenfahrt (12/A 3)
Honky Tonky Show (4/A 2; 13/C 1; 20/A 2)
Hoochie Coochie Man (13/D 4)
Horizon (Horizont) (34/B 3; 35/A 1)
Horizont (26/A 3)
Hungry Girl (18/D 1)

I

Ich bin beim Bund (21/B 1; 22/B 5)
Ich bin Rocker (7/A 5; 18/B 3)
Ich bin von Kopf bis Fuß auf Liebe eingestellt (4/B 5; 22/A 8)
Ich brech' die Herzen der stolzesten Frauen (25/B 5)
Ich lieb' dich überhaupt nicht mehr (27/A 2)
Ich mache alles mit den Beinen (28/A 4)
Ich sitz den ganzen Tag bei den Docks (Sitting On The Dock Of The Bay) (11/A 5)
Ich steh' ja so auf Disco (14/B 1)
Ich träume oft davon, ein Segelboot zu klaun (16/B 6)
Ich weiß nicht zu wem ich gehöre (26/A 2)
I Don't Know Who I Should Belong To (Ich weiß nicht zu wem ich gehöre) (34/A 1; 35/A 3)
Illusions (28/B 4)
I Love Me Selber (23/B 3; 24/B 3)
Immer noch verrückt nach all den Jahren (Still Crazy After All These Years) (11/B 5)
In den dunklen tiefen Gängen der Vergangenheit (2/B 2)
In den Ruinen von Berlin (26/A 1)
Intro (Anchors Away) (22/A 1)
It Is Allright Again (1/A 1)
It Was All So New (Da war soviel los) (6/A 5)

J

Jack (5/B 5; 6/B 5)
Jacques Gelee (19/B 2)
Jamaika (15/B 1)
Jenny (9/B 2)
Jimmy (18/A 4)
Johnny B. Goode (Bye Bye Johnny) (13/D 2)
Jonny als de dood (Jonny Controlletti) (31/A 3)
Jonny Boxer (Johnny Boxer) (26/B 2; 34/A 2; 35/A 2)
Jonny Controlletti (4/A 1; 6/B 4; 8/B 1; 13/A 4; 16/B 1; 20/B 1)
Jonny Gigolo (Johnny Gigolo) (17/B 3; 18/C 3)

K

Kann denn Liebe Sünde sein (17/B 4; 18/C 4; 20/B 4)
Katze (15/A 2; 18/B 4)
Kentucky Mädchen (14/B 4)
Killer-Kino (21/A 5)
Kleiner Junge (21/B 2; 22/B 3)
Körper (19/A 5; 22/A 9)
Kralle (21/B 3)
Kugel im Colt (17/B 5; 20/B 3)

L

Lady Whisky (12/A 4; 18/B 2)
Leider nur ein Vakuum (4/A 3; 18/B 5)
Leinwand (15/B 2)
Lililiputaner (7/B 4)
Look At It My Way (Das kann man ja auch mal so sehen) (6/B 3)
Lost Paradise (14/A 6)
Lover Man (25/A 6)

M

Mädchen (7/B 3)
Manege (siehe: Lililiputaner)
Meer der Träume (2/A 3)
Meine erste Liebe (9/B 3; 13/B 3)
Mein Onkel Joe (21/B 5)
Messer (24/A 2)
Mijn eerste grote liefde (Meine erste Liebe) (31/A 4)
Mister Nobody (10/A 1; 33/A 2)
Mit dem Sakko nach Monakko (17/A 2; 18/C 2)
Moskau (24/A 1)

N

Narkosegespenst (23/A 3)
Nathalie aus Leningrad (30/B 1)
Na und?! (12/B 2; 13/C 3; 16/A 6)
1990 (siehe: Gene Galaxo)
New York (New York State Of Mind) (14/A 3)
Nichts haut einen Seemann um (3/A 3; 22/A 4)
Nina (7/A 3; 31/B 3)
No Future? (18/D 3)
Nonnen (23/B 1)
Nostalgie Club (4/B 4)
Nothing But A Vacuum (Leider nur ein Vakuum) (6/A 3)
O-Rhesus-Negativ (5/B 1; 6/B 2; 8/B 3; 13/A 4)

O

Odyssee (21/A 1; 22/A 2)
Ole Pinguin (12/A 2)

P

Paradise Now (1/A 3)
Phantom (19/A 3)

Plädoyer für den Frieden (22/B 4)
Polyesterliebe (24/A 5)
Ptiza Pjewtschaja/Song-Bird (35/B 3)

R

Radio Song (7/A 6; 16/B 4)
Raketen-Rocker (15/A 4)
Rätselhaftes Bielefeld (9/A 3)
Ratten (19/B 3)
Reeperbahn (30/A 1)
Reeperbahn (Penny Lane) (11/B 1; 13/D 1; 20/B 5)
Reggae Meggi (7/A 2)
Resus-Negatief (O-Rhesus-Negativ) (31/A 1)
Rhythm-A-Ning (Raubtier) (27/B 4)
Riki Masorati (10/A 2; 33/A 3)
Riskante Spiele (4/B 2; 18/B 1)
Rockin' And Rollin' (11/A 1)
Rock 'n' Roll-Arena in Jena (9/B 5; 22/B 1)
Rock 'n' Roll Band (8/A 4; 16/A 1)
Rock 'n' Roller (7/A 1; 16/B 5)
Rock & Roll Band (Rock 'n' Roller) (31/B 5)
Rudi Raadloos (Rudi Ratlos) (31/B 4)
Rudi Ratlos (4/A 4; 6/A 6; 8/B 5; 13/A 4; 20/A 1)
Russen (23/A 2; 24/B 1)

S

Sachliche Romanze (28/B 2; 34/B 5; 35/A 5)
Sag mir wo die Blumen sind (24/B 5)
Salty Dog (11/A 4)
Samenbank (25/A 3)
Sandmännchen (17/A 5)
Sängerin (22/B 6)
Satellit City Fighter (9/A 4)
Say No (26/B 1; 34/B 1; 35/A 4)
Sbjergjegi tebja sudba/Let The Fate Save You (35/B 2)
Schneewittchen (10/A 3; 13/B 2)
16 Jahr (30/A 5)
Sie brauchen keinen Führer (24/B 4)
Sie ist 40 (10/B 3; 13/A 3; 33/B 3)
Sie liebten sich gigantisch (19/A 4)
Sie wollte Liebe (23/A 5)
Sister King Kong (9/B 1; 13/A 4)
Smog-Rock (25/A 7)
So ein Gezappel (30/B 4)
Sonderzug nach Pankow (Chattanooga Choo Choo) (21/A 4; 22/B 2)
So oder so ist das Leben (28/A 6)
Spion (26/B 4)
Spy (Spion) (34/B 4)
Stardance (1/A 4)
Sternenreise (26/A 6)
Straßen-Fieber (17/A 1)
Street Sense (32/B 1)

Sündenknall (25/A 1)
Süße kleine Sechzehn (Sweet Little Sixteen) (11/B 2)
Sympathie für den Teufel (Sympathy For The Devil) (11/B 4; 13/C 4)

T

Teddi (10/B 2; 33/B 2)
The Children Of Your Children Won't Even Know Your Name (1/B 2)
The Conductor (Der Dirigent) (6/A 1)
The Night (Die Nacht ist nicht allein zum Schlafen da …) (34/A 5)
They're Coming (32/B 2)
Tief im Süden (8/A 5)
Totales Paradies (25/A 2)
Tutti Frutti (11/A 2)

U

Udo On The Rocks (9/B 4)
Und es sind die finstern Zeiten (28/B 5)
Und über uns der Himmel (28/B 7)
Urmensch (19/A 1)

V

Verdammt, wir müssen raus aus dem Dreck (We've Gotta Get Out Of This Place) (11/A 3;
13/D 3)
14 oder 40 (30/A 2)
Vom Opfer zum Täter (30/A 3)
Vopo (29/B 4)
Votan waanzin (Votan Wahnwitz) (31/B 2)
Votan Wahnwitz (5/A 2; 6/A 2; 33/B 5)

W

Wanderin' Man (8/A 6)
We Could Be Friends (1/B 1)
Weißt du, wieviel Sternlein stehen? (30/B 5)
Wenn die Sonne hinter den Dächern (26/B 5)
Wenn du mein Kind wärst (29/B 2)
Wenn ich mir was wünschen dürfte (28/B 1)
Wenn ich 64 bin (7/A 4)
We've Had Our Time (1/A 2)
When The Sun Sets (Wenn die Sonne hinter den Dächern) (34/A 4)
Wie 'n alter Freund (27/A 4)
Wir rasen durchs Heute (25/B 4)
Wir wollen doch einfach nur zusammen sein (3/B 2; 8/B 6)
Wozu sind Kriege da? (18/C 5; 20/A 6; 24/B 2; 33/A 1)
W rodnom kraju/In Home Land (35/B 4)

Y

You Are My Lucky Star/Du sollst mein Glücksstern sein (28/B 3)

Z

Zwischen Rhein und Aufruhr (19/A 2)